멋진 응원,
코칭 유레카

2판

이소희, 이송이 지음

신정

우리는 지혜의 코치이자,
사랑의 코치이며,
함께 '코칭 유레카!'를 외치는
행복한 전문코치입니다.

프롤로그

우리 삶이 언제나 평화롭지는 않습니다. 때로는 이러한 시간이 그냥 흘러가기를 기다리고 싶습니다. 하지만 그냥 흘러만 보내면 우리는 성장하지 않습니다. 삶을 성장시키는 것은 평화롭지 않은 시간들입니다. 지배적인 가치를 기반으로 긍정적인 패러다임을 갖고 '코칭'을 우리 삶에 적용한다면 우리는 성장의 '유레카'를 경험할 수 있습니다.

이를 위하여 본 저서는 시작되었습니다.

1부 멋진 응원, 코칭 알기에서부터 2부 멋진 응원, 코칭하기까지 코칭에 대한 의미와 실질적인 기술과 적용을 다루고자 하였습니다.

또한, 그동안 독자들의 관심과 응원 덕분에 개정판을 출간하면서 시대에 맞는 내용으로 정비하였습니다.

'멋진 응원, 코칭'으로 행복한 성장을 하기를 기대합니다.

차례

프롤로그 3

PART 01 멋진 응원, 코칭 알기

Chapter 01

오늘과 내일의 삶과 코칭 11

1. 우리들의 오늘 그리고 코칭 13
   1) 변화하는 사회와 코칭 14
   2) 경쟁사회와 코칭 17
   3) 역량계발과 코칭 19
   4) 주도적인 도전과 코칭 21
   5) 상호지지의 한 방향 정렬과 코칭 23
2. 우리들의 내일 그리고 코칭 26
   1) 활력유지와 코칭 27
   2) 핵심 가치의 추구와 코칭 29
   3) 비전의 설정과 코칭 31

Chapter 02

코칭의 강점과 의의 35

1. 코칭의 강점 37
   1) 쉬운 코칭 38
   2) 효과적인 코칭 40
   3) 에너자이저로서의 코치 42
2. 코칭의 의의 46
   1) 자긍심 고취하는 코칭 47
   2) 예방복지실천방법론으로서의 코칭 49
   3) 윈윈 파트너로서의 코치 51

Chapter 03

코칭의 시작과 발달 55

1. 코칭의 시작 57
   1) 코칭의 어원 58
   2) 현대적 의미에서의 코칭의 시작 59
   3) 최고 의사결정권자들의 코칭 경험의 시작 60
   4) 조직 구성원들의 코칭 경험의 시작 61
2. 코칭의 발달 63
   1) 국제적인 차원에서의 코칭의 발달 64
   2) 한국에서의 코칭의 발달 66

Chapter 04

코칭의 개념과 특징 71

1. 코칭의 개념 73
   1) 포괄적 측면에서의 코칭의 정의들 74
   2) 은유적 측면에서 본 코칭의 정의 76
2. 코칭의 특징 79
   1) 관련 개념의 비교에서 본 코칭의 특징 80
   2) 코칭 관련 개념의 공통성과 유사성의 비교 82
   3) 코칭 배경이론에서 본 코칭의 특징 84

Chapter 05

코칭의 철학과 원리 89

1. 코칭철학 91
1) 에노모토 히데타케가 제시한 코칭철학 92
2) 이소희가 제시한 코칭철학 96
3) 한국코치협회가 제시한 코칭철학 99
4) 코칭철학에 내재한 인간관 100
2. 코칭의 원리 103
1) 코칭의 전제 104
2) 코칭 가이딩 원리 106

Chapter 06

코칭의 영역과 형식 109

1. 코칭의 영역 111
1) 코칭 영역의 분류 112
2) 라이프코칭(Life Coaching)의 이해와 종류 115
3) 비즈니스코칭(Business Coaching)의 이해와 종류 122
3) 커리어코칭(Career Coaching)의 이해와 종류 128
2. 코칭의 형식 132
1) 전문코칭과 일반코칭 133
2) 셀프코칭과 피어코칭 134
3) 멘토코칭과 코칭 슈퍼비전 134

PART
02
멋진 응원, 코칭하기

Chapter 07
코치되기와 코칭환경의 조성 141

1. 코치되기 143
   1) 코치이의 욕구와 요구 144
   2) 코치의 역할과 자격 146
   3) 코칭프랜드되기 148
   4) 전문코치되기 150
   5) 인증코치되기 151
   6) 코칭 퍼실리테이터 되기 159
2. 코칭환경의 조성 161
   1) 코칭환경과 구성요소 162
   2) 코칭이 가능한 순간 165

Chapter 08
코칭대화모델과 코칭기술 169

1. 코칭대화모델 171
   1) 코칭대화모델의 기본 관점 172
   2) 코칭대화모델의 단계와 과정 180
   3) 코칭대화모델의 종류 181
2. 코칭기술의 의의와 종류 191
   1) 래포형성기술 192
   2) 경청기술 196
   3) 질문기술 201
   4) 인정과 축하 기술 206
   5) 피드백 기술 210

Chapter 09
코칭 스타일 215
1. DISC 218
1) DISC의 특성 218
2) DISC의 장점 219
2. MBTI 221
1) 외향성–내향성(Extroversion–Introversion) 221
2) 감각–직관(Sensing–iNtuition) 221
3) 사고–감정(Thinking–Feeling) 222
4) 판단–인식(Judging–Perceiving) 222
3. 에니어그램 226
1) 에니어비전 코칭프로그램에서의 코칭 툴 킷 228
2) 에니어그램 프로파일 229

● 참고문헌 232
● 찾아보기 235

PART 01 멋진 응원, 코칭 알기

변화를 일으키는 코칭은 머리보다는 마음에 호소한다.
이는 각 사람의 마음과 소망 안에 있는 꿈의 운명에
호소한다는 것을 의미한다.

- 요셉 유미디 · 랜스 웰나우 -

Chapter 01

오늘과 내일의 삶과 코칭

“꿈을 꿀 수 있다면,
꿈을 이룰 수 있습니다.”
- 월트 디즈니 -

크리스 가드너(Cris Gardner)는 자신의 이름을 딴 투자 자문회사인 〈가드너 앤 리치 컴퍼니〉를 설립한 CEO이자 자신의 생애를 다룬 영화 〈행복을 찾아서, Pursuit of Happiness〉의 주인공입니다.

크리스는 생활고로 집을 나간 아내 대신에 다섯 살짜리 외아들을 키우는 파수꾼 아빠로서, 또 아들과 함께 노숙자 시설을 드나들며 의료기기를 파는 세일즈맨으로서의 고달픈 생활 속에서도 "집이 없다고 희망도 없는 건 아니다."와 "그가 해냈다면 나도 해낼 수 있다." 및 "꿈이 있다면 이루어 내야 한다."는 신념으로 노력을 다한 끝에 결국은 행복한 성공을 이루게 됩니다.

이 영화는 사랑과 지혜의 대화기술인 코칭이 왜 필요하며, 그 성과가 어떻게 나타나는지에 대한 진수를 십분 보여 주고 있습니다. 특히 셀프코칭(self coaching)의 중요성을 강하게 시사하고 있습니다.

- 크리스는 행복한 성공을 이룬 사람에게 다가가 "무엇을 하시고, 어떻게 하셨나요?"라고 똑부러지게 질문합니다. 코칭의 꽃은 질문입니다.
- 그 사람으로부터 주식 중개인이라는 답을 들은 크리스는 "주식 중개인이 되려면 대학을 나와야 되나요?"라고 다시 질문합니다. 코칭은 스스로의 가능성을 찾기 위해 계속 질문하는 구조입니다.
- 마지막으로 크리스는 "나는 왜 저 사람처럼 행복할 수 없는가?"라고 자신에게 질문한 후, 투자 자문가로서의 성공을 위한 행보를 시작합니다. 이와 같이 코칭의 성과는 주도적인 행동을 하면서부터 시작됩니다.

여러분이 지금, 자신에게 진정으로 하고 싶은 첫 번째 질문은 무엇입니까? 여러분이 하고 싶은 그것을 하면, 어떤 유익이 있습니까?

우리나라는 물론, 전 세계적으로 코칭의 필요성이 점점 강조되고 있습니다. 왜냐하면 오늘과 내일의 행복한 성공을 실현하는 확실한 접근 방법이 코칭이라고 보기 때문입니다.

1. 우리들의 오늘 그리고 코칭

나와 우리가 살고 있는 오늘을 일컬어 현대사회라고 합니다. 사회학자와 미래학자들은 이 현대사회를 진단하고, 또 내일의 사회를 전망한 연구결과들을 제시하고 있습니다. 그리고 우리들은 그 결과들을 고려하여 우리의 삶을 다시 돌아보고, 재정비하며, 장기적인 목표를 세우고 준비하게 됩니다.

오늘, 우리가 살고 있는 현대사회의 특징은 서로 연계되어 끊임없이 영향을 주고받는 다섯 가지 특성, 곧 변화와 경쟁, 역량, 도전 및 대화로 요약됩니다.

<오늘날의 삶의 특징>

중요한 것은 이러한 특징을 잘 파악하여 행복한 성공을 위한 통찰력을 꾸준히 기르는 것입니다.

1) 변화하는 사회와 코칭

현대사회의 첫 번째 특징은 변화(Change)입니다. 이것은 오늘날 우리 사회의 변화의 속도가 매우 빠르고, 그 변화의 정도도 매우 크며, 또한 그 변화의 범위가 대단히 넓어졌기 때문입니다. 그래서 이러한 사회가 지닌 각각의 특징에 초점을 맞추어 초고속 정보사회, 격변의 사회, 글로벌 사회 등으로 표현합니다. 그리고 이러한 변화의 특징 때문에 현대사회를 일컬어 불확실성의 시대, 복잡성의 시대, 정답이 없는 시대라고도 부르고 있습니다.

이러한 특성은 4차 산업혁명으로 인한 특성이기도 합니다. 4차 산업혁명으로 앞으로의 사회모습은 기술융합으로 인한 새로운 일자리가 탄생하게 되고, 행정, 교육 등 모든 분야가 지능화로 변하며, 최첨단 스마트 디바이스들이 연결되어 '초연결사회'가 되어 갑니다. 또한 접속과 공유를 기반으로 한 '공유경제, 공유사회'가 되어 갈 것입니다.

출처: 교육부 [카드뉴스] 4차 산업혁명이 가져올 미래 사회 모습 4가지

변화하는 사회 속에서, 코로나 시대를 겪으면서 Zoom이나 Webex 같은 비대면 플랫폼을 활용하는 코칭이 활성화되고 있습니다.

동서고금과 남녀노소를 막론하고 그 누구도 좌절하거나 실패하기를 원하지 않으며, 장수하고, 행복한 성공을 이루고 싶어 합니다.

오늘날 개인은 물론, 전 세계적으로 화두가 되고 있는 것이 지속가능한 성장과 번영임을 볼 때, 특별한 대응책이 필요합니다. 따라서 나와 우리 모두는 이러한 변화를 직시하고, 적극적으로 대처할 뿐 아니라, 내일의 변화를 통찰하여 원하는 방향으로 이끌 수 있는 역량을 갖추지 않으면 생존과 번영은커녕 도태하기 쉽습니다.

따라서 해답이 없다고 하는 불확실성의 시대인 오늘을 잘 살기 위해서는 지혜자가 되어야 합니다. 삼류 리더는 자기의 지식과 기술에 의지하며, 이류 리더는 다른 사람의 지식과 기술을 활용하지만, 일류 리더는 다른 사람의 지혜를 활용한다고 합니다.

COACHING BOX 1-1

리더의 시각에서 나누는 목적 있는 코칭대화

세계적인 리더십 전문가인 존 맥스웰(John C. Maxwell)은 그의 책《리더십 101》에서 "모든 사람들이 '성공'에 도달할 수 있다고 나는 믿는다. 그러나 리더십이 없는 성공은 제한된 결과를 낳을 뿐이라고 믿는다. 그리고 한 사람의 영향력은 그가 좋은 리더십을 발휘할 수 있느냐에 달려 있다고 본다. 더 높이 오르기를 원할수록 리더십이 더 필요하다. 더 영향력 있는 사람이 되기를 바랄수록 더 큰 영향력이 필요하다. 당신이 무엇을 이루기를 원하든지 당신은 다른 사람들을 이끄는 당신의 능력의 수준에 영향을 받게 된다."고 말했습니다.

내가 다른 사람을 이끈다는 것을 역으로 하면, 다른 사람이 나를 따른다는 것입니다. 어떤 사람이 나의 어떤 면을 보고 따르겠습니까? 만약 나의 뒤를 돌아볼 때, 그 누군가가 나를 따르면 나는 리더이지만, 그렇지 않다면 나는 단지 산책할 뿐입니다. 그러므로 다른 사람을 이끌기 위해서는 당연히 내가 보기에도 좋은 나 자신을 먼저 이끌 수 있어야 합니다.

급변하는 사회에서, 나 자신을 잘 이끄는 힘은 무엇입니까? 릭 워렌(Rick Warren)은 그의 책《목적이 이끄는 삶》에서 "목적을 가지고 사는 삶이 참된 삶을 사는 유일한 방법"이라고 했습니다. 그리고 우리에게 다음과 같은 두 가지 질문을 던집니다.

- 여러분의 삶의 목적은 무엇입니까?
- 그 삶의 목적이 매일매일 당신을 이끌고 있습니까?

2) 경쟁사회와 코칭

현대사회의 두 번째 특징은 경쟁(Competition)입니다. 많은 사람들은 시시각각으로 변화하는 오늘날, 행복한 성공을 이루어 오랫동안 향유하기 위해 경쟁은 필연적이라고 보기 때문입니다. 물론 이 경쟁도 이웃집과 나라 안을 넘어 시공을 초월하는 글로벌 무한경쟁입니다.

무한경쟁을 극복하기 위한 방법은 무한능력을 발휘하는 것입니다만, 이러한 능력의 발휘에서 발목을 세게 붙잡는 것이 있습니다. 그것은 자유 의지로 선택할 수 없는 인간적인 한계, 곧 태어나게 해준 부모와 태어난 국가는 선택할 수 없으며, 더 곤혹스러운 것은 이러한 한계가 출발점에서의 평등을 저해한다는 것입니다. 따라서 땅도 좁고, 지하자원과 인구도 적은 우리나라는 다른 나라에 비해 더욱 고군분투해야 할 상황에 놓여지게 됩니다. 그래서 과로와 압박감으로 건강에 적신호가 오고, 가족을 비롯한 인간관계에서 받는 스트레스도 가세되어 행복을 느끼지 못할 가능성이 높습니다. 알다시피 무한경쟁은 나와 우리 모두의 삶을 황폐화시킵니다.

무한경쟁에 내몰리지 않고, 건강한 성공을 이루기 위해서는 무한 창의력(Unlimited Creativity)을 최대한 발휘해야 합니다. 붉은 바다에서 서로 피 흘리며 경쟁하는 레드오션(Red Ocean) 대신에 희망의 푸른 물결이 넘실대는 블루오션(Blue Ocean) 책략으로 힘차게 나아가는 것입니다.

무한 창의력을 찾고, 발휘할 수 있는 탁월한 방법은 무엇일까요? ➔ 그것은 블루오션 시각에서 창의적인 대화를 함께 나누는 것입니다.

COACHING BOX 1-2

블루오션 시각에서 나누는 창의적인 코칭대화

세계적인 교육학자인 에드워드 드 보노(Edward De Bono)는 두 권의 책 《생각이 솔솔, 여섯 색깔 모자》와 《행동이 척척, 여섯 색깔 신발》을 통해 창의적으로 생각하고, 행동하는 묘법을 제시해 주었으며, 세계 최고의 기업들로부터 아낌없는 찬사를 받았습니다. 그것은 의사결정과 문제해결력이 생명이라고 할 수 있는 기업들이 블루오션의 시각에서 창의적인 대화를 나눌 수 있도록 이끌 뿐만 아니라, 결과적으로 생산성 향상에 크게 기여했기 때문입니다.

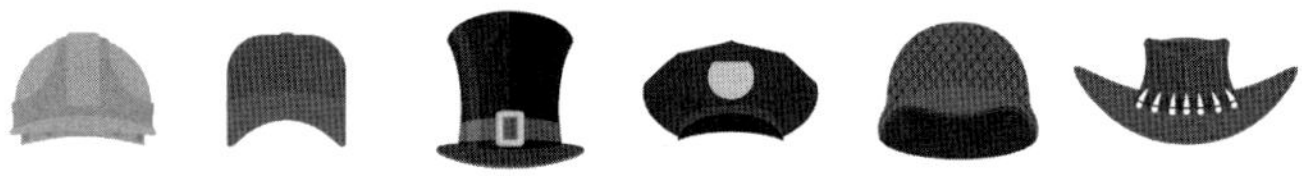

각종 회의나 토론회에서 전후좌우로 앉은 사람들 때문에 어떻게 말해야 할지 난감할 때, 드보노는 우리에게 상황에 맞는 여섯 색깔 모자를 쓰고 말하기를 권고합니다. 또 도무지 어떻게 행동해야 될지 몰라 당혹스러울 때, 드보노는 우리에게 상황에 맞는 여섯 색깔의 신발을 신고 행동하기를 권고합니다. 그렇게 되면 솔솔 피어나는 생각과 척척 일어나는 행동으로 우리는 새 신을 신은 듯 신날 것입니다.

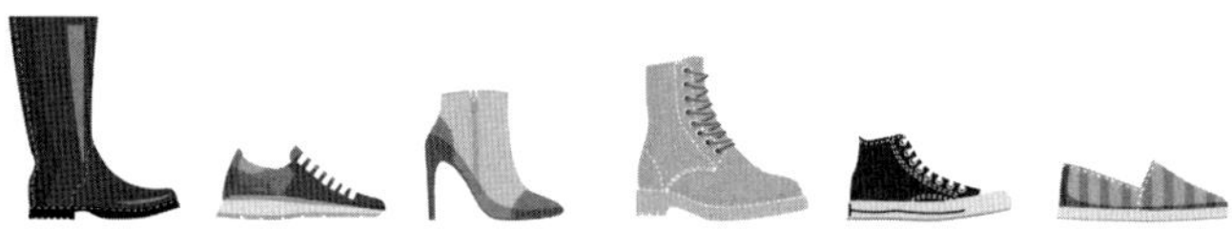

여러분은 언제, 말하기가 매우 어려웠습니까?
그때 어떤 환경이 조성된다면, 말하기가 편안할 것 같았습니까?

3) 역량계발과 코칭

현대사회의 세 번째 특징은 역량(Capacity)입니다. 이것은 무한 창의력을 계발하여 블루오션의 멋진 경쟁력을 갖추기 위해서는 독특한 핵심 역량의 강화가 중요하기 때문입니다. 아이들처럼 '열려라 참깨'라고 그냥 외친다고 해서 창의력이 샘물 솟듯 솟아나지는 않습니다.

알다시피 인간의 역량은 선천적으로 타고난 역량과 후천적인 학습에 의해 획득된 역량이 합쳐져서 적재적소에서 발휘되게 됩니다. 그러므로 중요한 것은 어떠한 역량을 중심으로, 언제, 어떻게 계발할 것인가에 대한 적절한 방법을 선택하고, 그 평가기준을 찾는 것입니다. 왜냐하면 인간이 사용할 수 있는 자원과 시간은 한정되어 있으며 또한 이러한 역량의 계발은 당사자의 노력은 물론, 의미 있는 타자의 지지와 합심 노력이 필요하기 때문입니다.

그렇다면 핵심 역량을 최대한 계발하기 위해 오늘을 사는 우리들에게 정말 필요한 판단 기준은 무엇일까요? 그것은 인간의 역량을 상대평가하여 줄 세우기 하는 것보다 절대평가를 선호하여 개인의 차이에 주목하는 것입니다. 왜냐하면 상대평가가 과하면 사람들의 자신감과 자존감이 낮아지며, 결과적으로 성과 향상을 기대하기가 어렵기 때문입니다. 따라서 No 1보다는 Only 1의 가치를 중시하고, 그것에 집중하는 것이 필요합니다.

선택과 집중의 원리를 적용할 수 있는 탁월한 방법은 무엇일까요? ➡ 그것은 절대평가의 시각에서 강점 찾기 대화를 함께 나누는 것입니다.

COACHING BOX 1-3

절대평가 시각에서의 강점을 찾는 코칭대화

시각장애를 극복하고 행복한 성공 신화를 이룬, 자랑스런 한국인 강영우 박사는 그의 책 《도전과 기회》에서 영향력 있는 리더를 키우기 위해서는 3C 혁명을 해야 한다고 주창하고 있습니다. 첫째, 해당 분야에서 기본적인 실력 기르기, 둘째, 수준별 가치교육을 통한 성숙한 인격의 함양, 셋째, 의도적 학습을 통한 헌신적인 자세의 견지가 그것입니다.

그리고 강 박사는 이 3C 혁명을 제대로 이루기 위해 기본적으로 전제해야 할 것으로 절대평가를 들고 있으며, 자신은 물론, 실제 두 아들을 양육하는 과정에서 경험한 사례들을 제시하고 있습니다. 이 중에서, 아들이 초등학교 5학년 때 받은 학교 숙제인 〈자서전 써오기〉를 그 예로 들면서, 강 박사는 "이러한 자서전을 쓰기 위해 우리의 자녀들이 굳이 다른 가정의 아이들과 비교 경쟁해야 할 필요가 있습니까?"라고 질문하고 있습니다. 그 답은 물론 '아닙니다'입니다. 그야말로 우리 모두의 아들과 딸들은 은퇴할 때까지 비교경쟁을 하지 않고 '자신의 목적이 이끄는 삶'을 살면 됩니다. 자신의 길(My Way)을 가면 됩니다. 그 길에서 계발된 무한 창의력은 틀림없이 행복한 성공을 이루도록 할 것입니다.

강영우 박사의 아들이 초등학교 시절에 받은 〈자서전 써오기〉라는 숙제를 나 자신이 받았다고 가정하고, 나의 자서전을 써봅니다.

먼 훗날, 여러분은 무엇을 하다가 은퇴하고 싶습니까?
그 은퇴를 위해 세워야 할 단기·중기·장기 목표는 무엇입니까?

4) 주도적인 도전과 코칭

현대사회의 네 번째 특징은 도전(Challenge)입니다. 이것은 변화 → 경쟁 → 역량 등이 서로 상호작용하는 가운데 발생되는 다양한 삶의 역동성 때문에 현대사회를 사는 사람들이 행복한 성공을 이루려면 도전은 불가피하기 때문입니다.

역사적으로 볼 때, 우리의 생활은 늘 새롭고 끊임없는 도전에 의해 이루어져 왔음을 알 수 있습니다. 그 결과 우리는 문명된 삶을, 그리고 행복한 삶을 누려온 것이 사실이며, 앞으로도 상당 부분 그러할 것입니다.

또한 다른 한편으로는 오히려 무모한 도전으로 본인은 물론 수많은 사람에게 역기능을 초래했던 것도 부인할 수는 없습니다. 따라서 우리가 온몸과 마음을 다해 추구해야 하는 것은 당연히 아름다운 도전이어야 하며, 그 결과, 이 시대를 사는 대다수의 사람들이 행복을 누려야 합니다. 그렇지 않다면 우리는 시간과 노력과 자원을 투입하여 도전할 필요가 없기 때문입니다.

그렇다면, 아름다운 도전이 요청되는 오늘을 사는 우리들에게 정말 필요한 가치는 무엇일까요? 그것은 윈윈 시너지를 창출하여 최대다수의 최대행복을 누리는 것인데, 이것은 결코 비현실적인 몽상이 아닙니다. 무한 창의력에 따른 Only 1의 관점에서 용기와 배려를 바탕으로 사회적 공헌의 의미를 가지면 충분히 가능합니다.

> 사회적 공헌에 관한 가치를 내재화하는 탁월한 방법은 무엇일까요?
> ➜ 그것은 승승의 시각에서 시너지를 내는 대화를 함께 나누는 것입니다.

COACHING BOX 1-4

승승 시각에서 시너지를 내는 코칭대화

"백짓장도 맞들면 낫다"는 우리 속담은 승승 시너지 효과를 한마디로 표현한 말입니다. 그렇습니다. 중요한 것은 얇디얇은 백짓장도 맞들기 위해서는 두 사람 이상이 처음부터 마지막까지 건강한 대화를 나눔과 동시에, 악수하거나 손뼉 칠 수 있는 합의를 도출해 내야 합니다. 이러한 점에서 브레인스토밍은 탁월한 대화기술이라고 할 수 있습니다.

〈AON 컨설팅〉 창업자 래리 윌슨(Larry Wilson)은 정책 계획을 세울 때, 세 가지 질문을 즐거이 사용한다고 하였습니다.

- **사실 확인** – 우리는 어디에 와 있고, 이미 어떤 일이 일어났는가?
- **감정 확인** – 결정을 내릴 때, 스스로, 또 서로서로에게 영향을 미치는 두려움, 불만, 자아도취는 무엇인가?
- **미래 조망** – 우리 회사가 완벽하다면, 앞으로 어떤 모습으로 나타나겠는가? 오늘 여기에서부터 거기까지 가려면 어떻게 해야 하는가?

이 질문에서 한걸음 더 나아가기 위해 도로시 리즈(Dorothy Leeds)가 그녀의 책 《질문의 힘》에서 제시한 질문은 매우 유용합니다. 즉 "이 아이디어는 어떻게 흥미로운 방식으로 변할 수 있는가, 더 크거나 작게 만들 수 있는가, 속도를 높이거나 낮출 수 있는가, 좀더 범위를 확장하거나 제한할 수 있는가, 이 아이디어가 과연 우리의 목표에 부응하는가, 또는 아닌가." 등입니다. 이와 같이 질문은 지속적인 성장을 위한 촉진제가 됩니다.

여러분이 제시한 아이디어가 채택된 적이 있습니까?
무엇 때문에 그 아이디어가 채택되었다고 봅니까?

5) 상호지지의 한 방향 정렬과 코칭

현대사회의 다섯 번째 특징은 대화(communication)입니다. 즉 현대사회의 특성인 변화 → 경쟁 → 역량 → 도전의 멋진 순환을 통해 행복한 성공을 지속적으로 누리기 위해서는 반드시 나 자신과 다른 사람이 대화해야 하기 때문입니다. 그것도 탁월한 대화를 해야 합니다. 왜냐하면 인간은 사회적 동물이고, 이 사회적 관계에서의 대화는 생명이나 마찬가지이기 때문입니다. 이렇게 볼 때, 탁월한 대화는 오늘을 사는 나와 우리의 생명을 지키는 파수꾼의 대화라고 할 수 있습니다. 생명을 지키는 파수꾼의 대화는 다섯 가지 뚜렷한 특징이 있는데 이러한 대화의 특징은 오늘날 전 세계적으로 부각되고 있는 코칭대화와 그 맥락을 같이합니다.

- 일방향이 아니라, 양방향의 대화입니다.
- 부정적이 아니라, 긍정적인 대화입니다.
- 과거분석이 아니라, 미래지향의 대화입니다.
- 자신의 삶을 주도하도록 지지하는 대화입니다.
- 다른 사람들을 세울 수 있도록 지지하는 대화입니다.

그러므로 리더의 시각에서 목적이 이끄는 대화, 블루오션의 시각에서 창의적인 대화, 절대평가의 시각에서 강점을 찾는 대화, 승승의 시각에서 시너지를 내는 대화 및 상호지지의 한 방향으로 정렬된 대화는 오늘도, 내일도 필요한 코칭대화입니다. 코칭대화를 주고받는 사회는 윈윈 시너지를 창출하여 최대다수의 행복을 이루어 내는 행복한 사회입니다. 따라서 코칭은 행복공식입니다.

> 행복사회의 중심에 리더코치(leader coach)가 있습니다.
> 이 리더코치는 어제의 경험을 오늘에 되살려,
> 긍정의 오늘과 희망의 내일을 함께 살도록 합니다.

COACHING BOX 1-5

최대다수의 최대행복을 찾는 코칭대화

■ 반복 · 연속질문을 활용한 코칭대화입니다.

코치: 평소에 이루고 싶은 목표는 무엇입니까?

여성: CEO입니다.

코치: CEO가 되면, 무엇을 얻을 수 있습니까?

여성: 사람들에게 영향력이 있는 사람이라는 인정을 받습니다.

코치: 사람들에게 영향력이 있는 사람이라고 인정받으면 무엇을 얻을 수 있습니까?

여성: 또 다른 기업을 인수할 수 있을 것 같습니다.

코치: 또 다른 기업을 인수하면, 무엇을 얻을 수 있습니까?

여성: 매우 역량 있는 CEO라는 평판을 받게 됩니다.

코치: 매우 역량 있는 CEO라는 평판을 받게 되면, 무엇을 얻을 수 있습니까?

여성: 여성 CEO 협회의 회장으로 나갈 수 있을 것 같습니다.

코치: 여성 CEO 협회 회장이 되면, 무엇을 얻을 수 있습니까?

여성: 직장여성의 권익을 위한 활동을 할 수 있습니다.

코치: 여성 CEO 협회 회장으로서 직장여성의 권익을 도모하면 무엇을 얻나요?

여성: 돈만 버는 여성이 아니라, 사회적 공헌을 하는 노블리스오블리제(noblesse oblige)를 실현할 수 있습니다.

코치: 노블리스오블리제를 실현하면, 궁극적으로 무엇을 얻을 수 있나요?

여성: 현대사회를 사는 여성으로서 자아실현을 이룬 뿌듯함을 느낄 수 있습니다.

코치: 그 자아실현을 이룬 모습을 그려보시겠습니까?

여성: (*꼿꼿이 서서 마이크를 잡고, 연설하는 자세를 취한다. 당당한 모습이다.)

코치: 지금 그 모습이 마음에 드십니까?

여성: 네, 아주 마음에 들고 뿌듯합니다.

코치: 여성 CEO 협회 회장이 되어 직장여성의 권익을 도모하는 사회적 공헌자가 되는 것을 꾸준히 지켜나갈 수 있을 것 같습니까?

여성: 네, 여성 CEO 협회 회장으로서 리더십을 발휘할 것입니다. 나는 이미 여성 CEO 협회 회장입니다.

코치: 감사합니다.

> "성공은 목표와 기대를 꾸준히 높인 결과로 얻어집니다."
>
> \- 잭 니콜라스 -

행복한 성공을 향해 길 떠나는 마차

사람들은 행복하게 살기를 원합니다.
그런데 "어떻게 사는 것이 행복합니까?"라고 질문을 하면, 머뭇거리는 경우가 허다합니다.
행복하려면 먼저 행복한 상태를 정의할 수 있어야 합니다.

〈행복 정의하기〉
30자 이내로 정의합니다.

의미가 이끄는 삶은 행복한 삶입니다.

2. 우리들의 내일 그리고 코칭

나와 우리가 살고 있는 오늘을 현대사회라고 하면, 내일은 어떤 사회이며, 삶의 자세는 어떠해야 할까요? '내일'은 본질적으로 미지의 세계입니다. 오늘이 불확실성의 시대이므로 지혜가 필요하다면, 내일은 예측불허의 시대로 더욱 더 지혜가 필요합니다. 어떻게 하면 더욱 더 지혜로울 수 있을까요? 그것은 탁월한 생명의 대화인 코칭을 오늘도, 내일도 끊임없이 생활에 활용하는 것입니다.

오늘은 어제 죽어간 사람들이 그렇게 살고 싶어했던 내일이었습니다. 그러므로 존경받는 리더코치들은 오늘의 현실만을 보고 다람쥐 쳇바퀴 돌 듯 살지 않고 오늘이 내 인생의 최고의 날이며, 내일은 가장 위대한 내일일 것을 믿고 삽니다.

이 리더코치들의 삶에서는 세 가지 특징이 발견되는데, 그것은 매일매일 활력이 넘치는 삶을 살고 있으며, 원칙 중심의 가치에 따라 설정한 분명한 비전이 반드시 이루어진다는 확신을 지니고 있다는 것입니다.

〈내일의 삶의 특징〉

중요한 것은 이러한 특징을 통해 나와 우리의 시대적 사명을 발견하는 것입니다.

1) 활력유지와 코칭

어제와 오늘에 이어 내일도 지혜롭게 살 수 있도록 이끄는 첫 번째 코칭대화는 활력(vitality)을 유지할 수 있는 생활이 되도록 대화하는 것입니다. 활력은 생명, 생활력, 체력, 박력, 지구력의 의미도 가지고 있습니다. 한마디로 살아 있다는 모든 증표를 보고, 듣고, 느끼며 말할 수 있는 상태를 말합니다.

삶에서 활력을 유지해야 하는 것은 원초적인 생존본능과 관련되는데, 오늘도 내일도 잘 살기 위해서는 활력이 넘쳐야 합니다. 우울하고, 부정적이고, 비관적인 사람은 건강하게 살기 어렵습니다. 그런데 실제로 우리의 삶은 결코 녹록하지가 않고, 외나무다리를 건너듯 아슬아슬할 때가 많습니다. 그러므로 행복한 성공을 이루기 위해서는 위기를 극복하면서, 푸른 내일을 향해 비상할 수 있어야 합니다. 활력을 유지하는 마법의 코칭대화는 다섯 가지 특징이 있습니다.

- 언제나 할 수 있습니다.
- 어디서나 할 수 있습니다.
- 누구와도 할 수 있습니다.
- 어떤 주제든지 할 수 있습니다.
- 모든 발달영역과 발달단계에서 할 수 있습니다.

활력 넘치는 코칭대화는 설득력과 지속력이 높습니다. 활력이 넘치는 사회는 최대다수의 최대성공을 이루어 내는 성공사회입니다. 그러므로 코칭은 바로 성공공식입니다.

활력이 넘치는 코칭을 하기 위해 전제되어야 할 것은 무엇일까요? ➔ 그것은 의미가 이끄는 삶의 목표를 갖는 것입니다.

COACHING BOX 1-6

활력을 유지하는 코칭대화

청소년기는 '제2의 탄생기'이자 '질풍노도의 시기'라고 합니다. 따라서 작은 것이라도 이들의 꿈을 소중히 여기고, 키워주려고 노력하면, 청소년들은 밝고 건강하게 살아갈 수 있습니다. 그렇지 않고 청소년들의 꿈을 무시하거나 폄하하면 이들은 살아갈 힘을 잃게 되는 경우가 많고, 그래서 가출과 비행, 자살로 연결되기가 쉽습니다. 그러므로 특히 청소년들과 나누는 코칭대화는 활력을 유지하는 생명, 바로 그 자체라고 할 수 있습니다. 얼마나 중요합니까! 다음은 이소희와 심교준이 번역한 책 《우리 아이 속에 잠든 거인을 깨우는 NLP》에 제시되어 있는 코칭 사례입니다. 이 사례를 보면 어떤 시각으로 코칭을 해야 하는지 알 수 있는데, 특히 활력 넘치는 코칭대화는 참으로 쉽다는 것을 알 수 있습니다.

나: 미치꼬야, 너의 꿈은 무엇이지?
미치꼬: 가게를 갖고 싶어요.
나: 그렇구나, 그 가게는 어떤 가게지? 그리고 어디에 있지?
미치꼬: 영국에서 여러 가지 예쁘고, 귀엽고, 재밌는 장난감을 팔고 있어요.
나: 아, 잡화를 팔고 있구나. 무엇이 보이니?
미치꼬: 제가 고른 여러 가지 물건들이 진열되어 있는데, 손님이 많이 와요.
나: 어떤 소리가 들리지?
미치꼬: 웃는 소리요.
나: 그 소리를 들으면 어떤 느낌이 나니?
미치꼬: 마음이 즐거워요.

"코치는 사람을 성장하도록 돕는다.
그들은 사람들이 현재를 뛰어넘어 미래에 어떤 존재가 될 수 있는지 보여준다."
- 제임스 벨리스코 -

2) 핵심 가치의 추구와 코칭

어제와 오늘에 이어 내일도 지혜롭게 살 수 있도록 이끄는 두 번째 코칭대화는 원칙 중심의 가치(value)이자, 가치 중의 가치인 핵심 가치를 발견하고, 그 실현과정에 대해 대화하는 것입니다.

가치의 뜻은 '사람이 중요하다고 여기는 정신적인 상태'로서 추상적입니다만, 강한 행동을 촉발 · 유지시키는 힘이 있습니다. 실제로 이 가치는 사람에 따라 차이가 있기 때문에 어떤 사람이 하는 행동을 보면, 그 사람이 추구하는 가치와 그 사람의 성품까지도 알 수 있게 됩니다. 즉 가치는 그 사람 나름대로의 삶의 방향에 따라 그 삶을 유지하는 원동력이 되기 때문입니다.

특히 원칙 중심의 가치는 대부분의 사람들이 매우 중요하게 여기므로 사회적 합의가 매우 높고, 시대를 아우르는 역사성을 지닙니다. 따라서 이러한 가치는 개인생활은 물론 사회 전반에 걸쳐 크고 작은 영향력을 지속적으로 발휘하게 되며, 이러한 가치를 핵심가치로 삼고 생활하는 사회구성원들은 한 방향 정렬(aligning)이 되기 쉽고, 진리가 자유케 하는 듯한 평안을 누리게 됩니다.

원칙 중심의 가치를 지닌 사람과의 대화는 설득력 있고 지속적인 힘을 가집니다. 그러므로 만족도가 높은 코치이와 높은 성과를 내는 코치들은 코칭 과정에서 코치이의 핵심 가치를 먼저 찾으면, 그 다음은 잘 풀리는 실같이 술술 풀려간다고 한결같이 말합니다.

핵심 가치를 발견할 수 있는 탁월한 방법은 무엇일까요? ➜ 그것은 질문에 의해 답을 찾게 되므로 계속해서 질문하는 것입니다.

COACHING BOX 1-7

원칙 중심의 핵심 가치를 발견하는 코칭대화

대화는 두 사람 이상이 나누는 것이 상례입니다만 나 자신과도 대화를 나눌 수 있으며, 행복한 성공을 위해서는 반드시 나누어야 합니다. 왜냐하면 내 마음은 가을날 흔들리는 갈대처럼 잘 흔들릴 뿐만 아니라, 너무나 상이한 두 마음이 공존하고 있을 때가 많아서 행복한 성공을 이루기가 어렵기 때문입니다.

법정 스님은 그의 책 《산에는 꽃이 피네》에서 "나는 누구인가? 스스로 물으라. 자신 속의 얼굴이 드러나 보일 때까지 묻고 또 물으라. 건성으로 묻지 말고, 목소리 속의 목소리로, 귀 속의 귀에 대고 간절히 물으라. 해답은 그 물음 속에 있다."고 말씀하셨습니다.

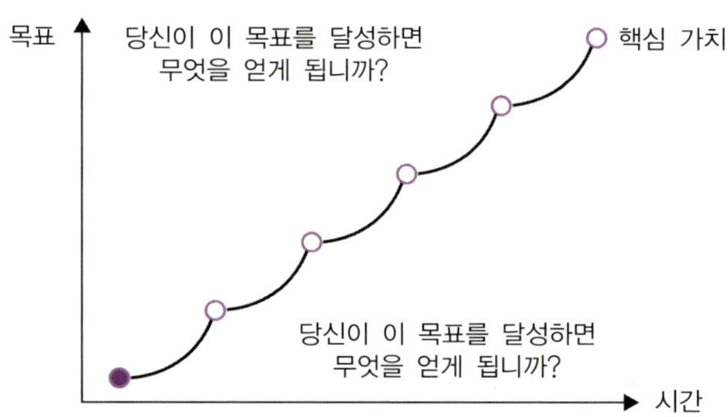

<핵심 가치를 찾아가는 과정>

여러분의 삶을 이끄는 핵심 가치는 무엇입니까?
그 가치는 어떤 과정을 통해 지니게 되었습니까?

3) 비전의 설정과 코칭

어제와 오늘에 이어 내일도 지혜롭게 살 수 있도록 이끄는 세 번째 코칭대화는 비전(Vision)을 발견하고, 그 실현과정에 대해 대화하는 것입니다.

에니어그램의 교육과정인 《비전에니어그램-Basic & Plus》 과정에서 비전의 뜻은 '아직 실현되지 않았지만, 이미 존재하듯 실현될 것을 미리 보는 것'으로 보았습니다. 물론 전문가에 따라 약간의 차이가 있습니다만, 중요한 것은 비전이 비전으로서 제 기능을 발휘하고, 그 영향력을 오랫동안 지속하려면 원칙 중심의 가치에 기반해야 한다는 것입니다. 그렇지 않다면, 궁극적으로 비전이 추구하는 것을 성취하기가 어려울 것입니다.

비전은 곧잘 시각의 기능과 대비됩니다. 즉 시각은 눈의 기능으로서 있는 그대로의 모습을 보지만, 비전은 마음의 기능으로서 미래 이루어질 모습을 미리 바라본다는 것입니다. 그러므로 비전을 지닌 사람은 오늘과 내일을 함께 사는 부지런한 열정의 사람이자, 동시에 비전의 성취를 위해 매우 구체적인 목표와 실천강령을 지니고 활기차게 움직이는 행동가입니다. 따라서 행동하는 비전가들로부터 뿜어나오는 열정은 곧잘 다른 사람들에게도 빠르고, 강하게 전달되며, 마침내 공동의 비전이 되어 그들과 함께 활기차게 달려가도록 만듭니다.

그러므로 비전을 가진 사람과의 대화는 흡수력과 전달력이 높습니다. 그렇기 때문에 만족도가 높은 코치이와 높은 성과를 내는 코치들은 한결같이 말합니다.

보이지 않는 비전을 보면서 살 수 있는 탁월한 방법은 무엇일까요? → 해답은 믿는 만큼 이루어지므로, 확고한 믿음을 가지고 행동하는 것입니다.

COACHING BOX 1-8

비전의 설정과 실현을 위한 코칭대화

버트 나누스(Burt Nanus)는 《비저너리 리더십》에서 “매력적이고 가치 있으며, 성취할 수 있는 미래의 비전을 공유하는 것보다 더 강력한 엔진은 없다.”고 하였습니다. 그렇습니다. 의미 있는 역사는 비저너리에 의해 믿음과 헌신과 도전과 열정에 의해 이루어져 왔음을 기억합니다. 그들의 상상 속에는 이루어진 꿈의 현실이 있었습니다.

NLP의 기법 중, 상상공학(Imagination Engineering)은 비전을 이루기 위해 자기와 끊임없는 대화를 주고받습니다. 물론 코치의 도움을 받을 수도 있습니다. 즉, 꿈꾸는 자(큰 그림을 보는 자이며, 무엇이든지 가능하다고 믿는 사람), 현실주의자(실행을 위한 구체적인 계획을 세우고, 크기와 범위를 정하고 순서를 조정하는 사람), 비평가(논리적이며, 무엇이 빠져 있는가를 발견하여 건설적인 비평이나 문제발생을 예측, 예방하는 사람)가 되어 보는 과정을 통하여 자신이 가장 원하는 것을 창의적으로 해결해 나가는 기법을 말합니다.

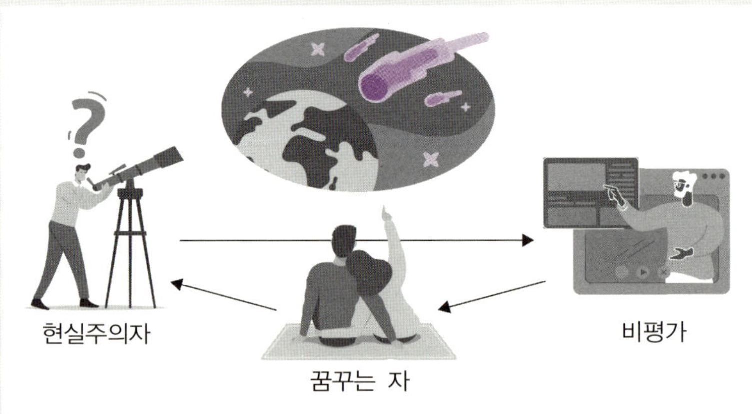

〈상상공학의 과정〉

여러분은 어떤 비전이 있습니까?
그 비전을 이루기 위해 여러분은 무엇을 극복해야 합니까?

행복한 성공을 향해 길 떠나는 마차

사람들은 성공하기를 원합니다.
그런데 막상 "어떻게 되면 성공했다고 말할 수 있습니까?"라고 질문하면, 난처해하는 경우가 허다합니다.
진정으로 성공하기 위해서는 먼저 성공한 상태를 정의할 수 있어야 합니다.

〈성공 정의하기〉
30자 이내로 정의합니다.

스스로 자신만의 성공을 정의해 보면,
성공할 가능성이 더 높아집니다.

Chapter **02**

코칭의 강점과 의의

“코칭은 행동하는 리더십입니다.”
- 월토마스 G. 크레인 -

지그 지글러(Zig Ziglar)의 《정상에서 만납시다, See You At the Top》에 보면 이러한 예화가 나옵니다.

> 세계적 도시인 뉴욕의 한 거리에 풍선 장수가 있었습니다. 풍선 장수는 풍선이 잘 팔리지 않을 때, 풍선을 하나씩 하나씩 하늘로 날려보내곤 했습니다. 똑같은 색깔의 풍선만 날린 것이 아니라, 색깔이 각각 다른 풍선을 날려보냈습니다. 그러면 하늘로 날아가는 풍선을 보고는 사람들이 몰려들어 풍선을 사곤 했습니다. 이렇게 풍선을 하늘로 날리고 있을 때, 흑인 소년 한 명이 풍선 장수 아저씨에게 다가가 그의 얼굴을 올려보며 "아저씨, 검정 풍선도 날 수 있나요?"라고 물었습니다. 그랬더니 풍선 장수 아저씨는 흑인 아이에게 "아이야, 풍선이 날아가도록 하는 것은 색깔이 아니란다. 풍선 안에 무엇이 들어 있느냐에 달려 있는 것이란다."라고 말했습니다.

이 예화를 든 지그 지글러는 눈에 보이는 그 이상의 것을 볼 수 있는 사람을 만난 그 흑인 소년은 정말 행운아라고 말했습니다. 그렇습니다. 우리들은 사람들이 뛰고, 걷고, 일하고 노는 것을 눈으로 볼 수 있습니다. 그러나 눈으로 직접 보는 것을 넘어 마음으로도 소중한 것을 볼 수 있는 사람은 다른 사람의 영혼을 만지고 느낄 수 있을 뿐 아니라, 그 사람 안에 숨어 있는 가치도 발견할 수 있다고 말할 수 있습니다. 요약합니다. 당신을 하늘 높이 떠올려서, 날도록 하는 것은 바로 당신의 내부에 있는 그 무엇이라고!

흑인 아이는 《행복을 찾아서》의 주인공인 크리스처럼, 의미 있는 질문을 던졌고, 지혜로운 풍선 장수 아저씨의 귀하디귀한 지지를 받았습니다.

'코칭' 앞뒤에 붙는 수식어 중에서 압권은 행복과 성공입니다. 이것이 시사하는 바는 사람들은 행복과 성공을 간절히 바란다는 것과 코칭은 이 바라는 것을 효과적으로 충족시켜 준다는 것입니다.

여러분이 풍선이라면, 무엇을 넣어 높은 하늘로 날아가겠습니까? 그 무엇을 넣기 위해 여러분이 지금부터 해야 할 일은 무엇입니까?

'코칭'의 앞뒤에 붙는 수식어 중에서 압권은 행복과 성공입니다. 이것이 시사하는 바는 사람들은 행복과 성공을 간절히 바란다는 것과 코칭은 이 바라는 것을 효과적으로 충족시켜 준다는 것입니다.

1. 코칭의 강점

인간발달학자들은 모든 사람은 행복한 성공을 이룰 수 있는 잠재력을 가지고 태어난다고 합니다. '잠재력(潛在力, potential energy)의 사전적 뜻은 겉으로 드러나지 않고 속에 숨어 있는 힘을 말합니다. '없는' 것이 아니라, 숨어 있으므로 당연히 찾을 수 있습니다. 어린 시절 소풍가서 했던 '보물찾기'와 같습니다. 따라서 인간이 해야 할 중요한 과제는 숨어 있는 힘까지 찾아서 최고로 발휘할 수 있도록 계발하는 것입니다.

코칭을 통해 잠재력 계발로 행복한 성공을 이루기가 쉬운 이유는 코칭이 지닌 강점 때문입니다. 이 강점의 힘은 쉬움과 효과성이며, 이를 통해 코치는 에너자이저(Energizer)가 된다는 것입니다. 중요한 것은 코칭의 강점을 나의 것으로 내면화하여 탁월 한 리더코치가 되는 것입니다.

〈코칭의 강점〉

1) 쉬운 코칭

코칭은 대화의 한 형태이자, 인간관계기술의 하나입니다. 무릇 모든 인간관계기술을 배우고, 활용하는 것은 그리 쉬운 일이 아닙니다. 초 · 중 · 고급과 같은 수준이 있습니다. 그렇지만 효과적인 방법으로 노력하면 얼마든지 원하는 수준에 도달할 수 있습니다. 특히 행복 공식이자 성공 공식인 코칭의 첫 번째 강점은 활용하기가 매우 쉽다는(easy) 것입니다.

거의 모든 사람들은 행복한 성공을 갈망합니다. 목이 마를 때 갈증이 난다고 말하며, 또 무엇인가를 애타게 찾는 사람을 일컬어 '갈급한 영혼'이라고 합니다. 이 목마른 영혼과 갈급한 영혼들이 주변 사람들과 주고받는 대화를 한번 살펴볼까요?

정말 ~~~하고 싶어요.	정말 쉬워요
그렇게 하고 싶으면 해보세요.	그럼요!
그런데 어떻게 하는지 잘 모르겠어요.	나한테도 정말 쉬워요
그러면 이렇게 한번 해보세요.	네, 그럼요!
그렇게 하는 것, 쉬워요	그러면 한번 해보겠어요.

'쉬운 코칭'이 뜻하는 의미는 무엇일까요? 그것은 소위 진입장벽이 높으면 시작하기도 전에 실패에 대한 두려움이 밀려오기 때문입니다. 그런데 '쉽다'는 답을 들으면 어떤 일이 일어납니까? 네, 도전이 시작되며, 훨씬 행복한 성공을 이룰 가능성이 높아집니다. 실제로 할 수 있다고 믿고 시작한 사람들이 더 쉽게 성공했다는 연구결과가 이를 증명합니다.

나와 우리 모두는 셀프코치가 될 수 있습니다. 쉽기 때문입니다.

COACHING BOX 2-1

쉬운 코칭 사례

다카하시 아츠코는 《3분 코칭》에서 "올바른 마음가짐, 약간의 커뮤니케이션기술, 배려하는 마음만 있으면 코칭은 누구나 쉽게 배울 수 있고, 아울러 서로 기쁨을 나눌 수 있는 멋진 일이 된다."고 하였습니다.

"말씀드리고 싶은 일이 있습니다."
"예. 말씀하세요."
"전에 창업세미나 참석 후 참석자들에게 사무실 홍보 팸플릿을 우편으로 보낸 적이 있어요."
"아, 그러셨군요. 반응이 어땠나요?"
"실은 어떤 분으로부터 상담 전화가 왔습니다."
"C 씨한테 상담을 요청하던가요?"
"예. 그 분은 창업할 뜻이 있긴 한데, 선뜻 시작하기가 무척 불안했던 모양이에요. 마침 제가 사무실을 갖고 있다니까 처음에 어떻게 했는지 물어보더군요. 거기에 대한 대답도 해주었지만, 전에 다카하시가 제게 하신 코칭법으로 질문을 던져봤어요."
"질문이라구요?"
"예, '10년 후에는, 5년 후에는 어떤 모습이고 싶습니까?'라고 그때 다카하시 씨가 저에게 질문했던 것처럼요. 그 분은 정말 자신이 하고 싶은 일에 대해 구체적으로 생각하고 있더군요. 놀라웠습니다."
"네에! 그래서요?"
"이야기가 끝난 후, 그 분은 '마음이 정리되어 한결 홀가분해졌습니다. 전화하길 잘 한 것 같네요. 정말 감사합니다'라며 매우 기뻐하셨습니다."
"멋지게 코칭하셨군요."
"예!"
"이제 C씨는 코치나 다름이 없으신 거예요!"
"예!"
"그때 기분이 어떠셨어요?"
"무척 기뻤습니다."

"즉각적으로 코칭의 효과를 볼 수 있다는 것은 코칭의 강점이다."
- 맥스 랜드버그 -

2) 효과적인 코칭

코칭은 '체계적인 인간관계기술'이므로 한 사람의 힘보다 두세 사람 이상의 사랑과 지혜와 기술을 합치면 더욱 효과를 볼 수 있습니다.

행복 공식이자 성공 공식인 코칭의 두 번째 강점은 효과적(effective)이라는 것입니다.

거의 모든 사람들은 행복한 성공을 이루되, 가능하면 최소비용으로 최대효과를 거두고 싶어 합니다. 아무리 쉬워도 효과가 없으면 아이들 말대로 거들떠보지도 않습니다. 오히려 조금 어려워도 확실한 효과가 있는 편을 더 선호합니다. 이 목마르고, 갈급한 영혼들이 주변 사람들과 주고받는 대화를 한번 더 살펴볼까요?

그렇게 하는 것 쉬워요	그런데, 쉬운데도 정말 효과가 있나요
그럼요!	그럼요! 그럼요!
나한테도 쉬워요	내 경우에도 정말 효과가 있나요
네, 그럼요.	네, 그렇고말고요!
그러면, 한번 해봐야겠어요	그러면, 정말 한번 해보겠어요

효과성을 추구하는 이유는 무엇일까요? 아무리 쉬워도 정말 효과가 없으면 소위 공염불이라고 느끼기 때문입니다. 만약 효과가 있다는 답을 들으면 어떤 일이 일어납니까? 거의 확신에 찬 도전을 할 것이며, 그러면 행복한 성공을 이룰 가능성이 훨씬 높아집니다. 이것은 가짜 약 실험의 위약효과(placebo effect)가 증명하고 있습니다.

> 서로 피어 및 멘토코치가 되면 더 효과적인 삶을 살 수 있습니다.

COACHING BOX 2-2

코칭효과의 보고 사례

코칭의 효과는 라이프코칭보다 비즈니스코칭에서 더 가시적으로 볼 수 있습니다. 왜냐하면 코칭의 결과는 생산성과 직결되고, 그 결과는 바로 수치화되기 때문입니다. 현재 코칭을 도입하여 큰 효과를 본 기업은 상당수일 뿐만 아니라 점점 늘어가고 있는 추세이며, 앞으로는 더 급증할 것입니다.

코칭의 효과는 다양한 영역에서 살펴볼 수 있습니다. 그 중 세계적인 배송회사인 DHL은 기업 구성원들의 동기부여와 팀원을 위하여 코칭 프로그램을 적용하는 것으로 유명합니다. 각 DHL은 나라에 코칭 프로그램과 교육을 적용하여 그 효과를 보고 있습니다. DHL코리아도 마찬가지입니다. DHL코리아는 '2021년 한국산업의 서비스 품질지수(KSQI)콜센터 부문'에서 우수 콜센터로 선정되었는데, 이는 내부적으로 상담자들의 강점과 개선점을 살펴보고 이를 기반으로 매월 정기적인 코칭을 진행한 결과로 생각할 수 있습니다.

출처: DHL코리아 블로그(https://blog.naver.com/dhl_korea/222378647404)

이러한 맥락에서 효과성을 확인할 수 있는 가시적인 수치화는 라이프코칭에서도 적극 도입되고 있습니다. 그 예로 코치가 "이제 코칭을 마쳤습니다. 코칭의 만족도를 100을 기준으로 수치화한다면? 몇 점을 부여할 수 있겠습니까?" 그러면 "네, 90입니다"라고 답하는 것을 들 수 있습니다.

여러분은 언제, 말하기가 매우 어려웠습니까?
그때 어떤 환경이 조성된다면, 말하기가 편안할 것 같았습니까?

3) 에너자이저로서의 코치

코칭의 특징으로 언급한 두 가지 강점, 곧 쉬움과 효과성은 코치로 하여금 활력이 넘치는 사람으로 변화시켜 줍니다. 곧 에너자이저가 되도록 합니다. 이것은 코칭이 지닌 세 번째 강점입니다. 동시에 에너자이저가 된 코치는 코치이=고객=클라이언트(client)으로 하여금 에너자이저로 변화하도록 에너지를 부여하는 힘을 지니게 됩니다.[1)]

에너지의 사전적 정의는 동력(動力)으로서, 양질의 성과를 창출할 수 있는 능력을 말합니다. 우리가 가진 에너지의 양이 우리의 활동 능력을 좌우한다고 할 때, 에너지는 매우 중요한 힘입니다. 승용차를 움직이는 네 가지 동력인 실린더가 있듯이, 사람에게는 사람을 움직이는 네 가지 에너지가 있다고 볼 수 있습니다.

- **영적 에너지** – 목적이 이끄는 삶을 살도록 함으로써 '명쾌함'을 유지시킵니다.
- **신체적 에너지** – 생리적인 욕구가 충족된 생활을 함으로써 '상쾌함'을 유지시킵니다.
- **정신적 에너지** – 집중력, 창조력, 상상력 등이 충만하고, '통쾌함'을 유지시킵니다.
- **감성적 에너지** – 열정, 배려, 즐거움 등의 감정이 충만하고, '유쾌함'을 유지시킵니다.

---

1) 코치로부터 코칭을 받는 사람이 다양하게 호칭됩니다. 우리나라에서는 고객으로, 국제코칭연맹에서는 클라이언트로 표현합니다. 다만, 아동청소년과 부모와 교사 및 사회복지사 등 비영리적인 특성이 있는 사람의 경우, 코치이(coachee)라고 부릅니다. 따라서 적재적소에서 적절한 호칭으로 사용하면 됩니다.

이 네 가지 에너지가 서로 연계되어 순환되면서 일체감을 이룰 때, 최고의 상태인 몰입(flow)에 도달하게 됩니다.

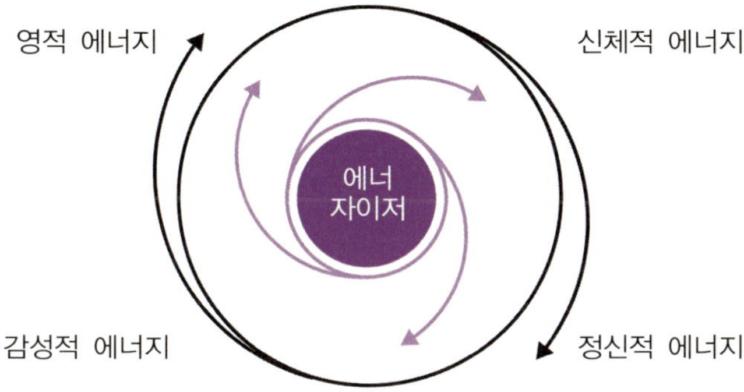

〈에너지 순환 효과〉

> 건강한 코치입니까? 그러면 건강한 에너자이저이자, 멋진 응원자입니다.

COACHING BOX 2-3

에너지 코칭기법

코칭의 효과성을 높이기 위해 여러 가지 기법이 활용됩니다. 박창규와 이소희가 공동 개발한 《NLPia Coaching 프로그램》에 제시된 주관적 몰입(Association) 기법은 활력이 넘쳤던 과거의 에너지를 불러내는데 탁월한 효과가 있습니다.

- **목적** - 즐거웠던 자신의 과거 경험에 다시금 자기 자신을 몰입하여서 그 경험을 되새김하고, 오늘과 내일, 활용할 수 있는 생명력 있는 자원으로 활용한다.
- **개념** - 어떤 상황에 있는 자신에게 충분히 몰입하여 충분한 감각을 느껴본다.
- **활동** - 2인 1조(Client, Guide)

가이드 코치	자, Client는 허리를 펴고 편안한 자세로 앉아 주세요.
Client	허리를 펴고 편안한 자세로 앉는다.
가이드 코치	과거에 당신이 가장 즐거웠던 경험 한 가지를 떠올려 보세요.
Client	턱을 앞으로 당기고, 몸을 약간 구부려서 몰입의 상태로 들어간다.
가이드 코치	무엇이 보이나요? 어떤 소리가 들리나요? 어떤 느낌인가요? 그 느낌은 몸의 어느 부분에서 느껴지나요? 자, 그때 그 기억 속으로 몰입해서 그 느낌을 다시 한번 느껴 보세요.
Client	가이드 코치의 요청에 따라 과거, 즐거웠던 경험을 되새김한다.
가이드 코치	무의식에게 자신을 위한 긍정적인 자원이 되기를 부탁해 보도록 하세요. 그리고 그 내적 자원을 심벌화해 보세요.

> "우리 세대의 가장 위대한 혁명은 인간이 자신의 생각을 바꿈으로써
> 자신의 인생을 변화시킬 수 있다는 사실을 알게 된 것이다."
>
> \- 윌리엄 제임스 -

행복한 성공을 향해 길 떠나는 마차

이겨본 사람은 더 잘 이길 수 있다고 말합니다.
성공을 이룬 경험이 있는 사람, 역시 더 잘 성공할 수 있습니다.
어떤 성공을 했을 때, 정말 행복했습니까?

〈나의 성공 사례들〉
세 가지 적어 봅니다.

1.

2.

3.

아주 작은 성공 경험도 매우 소중합니다.

2. 코칭의 의의

인간발달학자들은 한결같이 모든 사람은 행복한 성공을 이룰 수 있는 무한한 잠재력을 가지고 태어난다고 말합니다. 이 잠재력은 그 사람이 지닌 독특한 재능, 곧 그 사람의 강점 또는 장점이 되며, 사람들 사이에 존재하는 개인차라고 말할 수 있습니다. 그리고 이 개인차는 태어난 이후, 접하게 되는 다양한 환경과의 상호작용에 따라 더욱 더 강화되기도 하고, 약화되기도 합니다. 나아가 가정과 학교 및 직장 등에서 공동생활을 하는 과정에서 여러 가지 모습으로 나타나 자기 자신 및 주변 사람들과 함께 행복한 성공을 이루는 데 직·간접적인 영향을 미치게 됩니다.

이렇게 볼 때, 인간이 타고난 무한한 잠재력을 계발하기 위해서는 특히 어릴 적부터 가정과 사회에서 민감성과 목적성을 지니고 아이들을 양육하고, 교육하는 것이 매우 중요합니다. 그리고 이러한 노력은 물론 아동기와 청년기를 거쳐 성인기 및 장·노년기까지 지속적으로 이어져야 합니다.

행복 공식이자 성공 공식이라고 말할 수 있는 코칭을 개인차를 고려한 강점 계발 및 사회적 역할 수행에 적용하면, 개인적으로는 자긍심을 느끼게 하며, 사회적으로는 예방복지를 실현시키는 초석이 됩니다. 이 과정에서 에너지가 넘치는 에너자이저 코치는 우리들의 영원한 파트너가 됩니다.

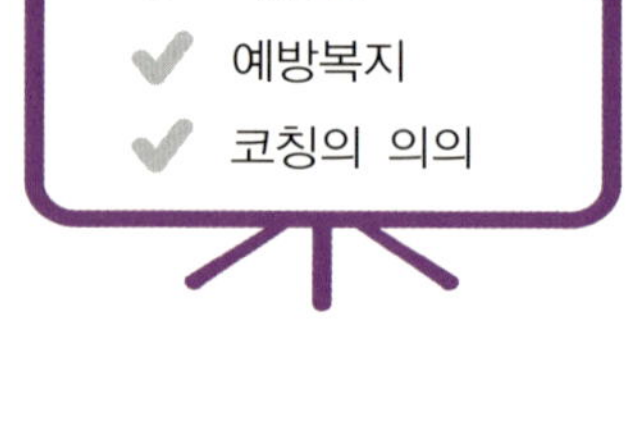

〈코칭의 의의〉

1) 자긍심 고취하는 코칭

코칭은 그 성과에 따라 코치와 코치이에게 개별적이고 구체적인 의의를 지니는데, 그것은 코치와 코치이 모두에게 매우 뿌듯한 자긍심(pride)을 지니도록 이끈다는 것입니다.

> 부모들은 항상 나에게 묻는다. "우리 아이가 성공할 수 있도록 내가 해줄 수 있는 가장 중요한 것은 무엇인가요?"라는 질문을 꽤 받아왔기 때문에 세미나에 참석한 교사들에게 같은 질문을 해보기로 했다. 왜냐하면 그들은 수백 명의 아이들을 대하면서 아이들이 성공하도록 돕는 방법을 잘 알고 있다고 보았기 때문이다. 그들의 대답 중 가장 많은 부분을 차지한 것은 '아이들에게 자신을 믿는 방법을 가르치는 것'이었다. 아동발달전문가의 답변도 예상한 것과 같았다. 아이들이 성공하기 위해서는 우선 그 아이들 각자가 '나는 할 수 있다!'고 믿어야 한다는 것이다.
>
> 출처: 미셀보바 지음. 이소희 외 옮김. 우리 아이 어떤 재능이 있을까, 22쪽.

위 글에서 제시하고 있는 성공의 자질은 무엇인가요? 그리고 언제부터 길러져야 한다고 보고 있나요? 인간발달에서 아동기가 가장 중요하다고 보는 것은 이때 형성한 가치관과 태도가 성인이 된 이후까지 강한 영향을 미치기 때문입니다. 이러한 맥락에서 코칭의 효과를 최대화하려면, 먼저 코치이인 아이가 자신감을 지닐 수 있도록 역점을 두어야 합니다. 코칭의 배경이 된 운동경기에서 승리를 거둔 선수들에게 공통적으로 나타나는 특성이 자신감이었으며, 이는 자긍심의 원천이 됩니다. 따라서 자신감의 중요성을 아무리 강조해도 지나치지 않습니다.

> 코칭은 자신감을 지니도록 이끕니다.
> 자신감은 남녀노소로 하여금 행복한 성공을 이루도록 지지합니다.

COACHING BOX 2-4

자긍심을 고취하는 Oh, Yes 코칭대화의 강점

• 상황 - 교사가 원래 회의에서 하지 않기로 했던 행사를 무리하게 계획하여 원장에게 승인을 요구하고 있습니다.

Oh, No 케이스

원장 행사 계획안을 살펴보았는데, 김 선생님이 맡은 6세반 프로그램 말고도 7세반 프로그램이 들어와 있네요. 이렇게 한 특별한 이유라도 있나요?

교사 이전에 제가 이렇게 해본 경험이 있거든요. 그때도 오히려 더 잘된 측면도 있고, 제가 맡은 반은 모든 것을 잘 해낼 수 있으리라 생각해요.

원장 김 선생님의 일방적 생각이 아닌가요? 나는 작년에도 잘 안 된 것으로 아는데요.

교사 네, 물론 그렇다고도 할 수 있지만, 올해는 잘 할 수 있다고 생각하는데요.

원장 잘 해보겠다는 마음은 알겠는데, 조직에는 원칙이 있는 법이에요. 다른 반과의 관계도 있고….

교사 하지만, 원장님…. 알겠습니다.

원장 그럼, 그만 나가보세요.

Oh, Yes 케이스

원장 행사 계획안을 살펴보았는데, 김 선생님이 맡은 6세 반 프로그램 말고도 7세반 프로그램이 들어와 있네요. 이렇게 한 특별한 이유라도 있나요?

교사 이전에 제가 이렇게 해본 경험이 있거든요. 그때도 오히려 더 잘된 측면도 있고, 제가 맡은 반은 모든 것을 잘할 수 있다고 믿어요.

원장 의욕적으로 일하는 모습이 정말 보기 좋습니다. 그렇지만 이렇게 행사를 진행하는 경우, 원래 우리가 계획했던 것과 비교했을 때 좋은 점은 어떤 것인가요?

교사 일단 행사가 많으면 아이들의 동기가 높아지고 부모님들도 좋아하시구요.

원장 아, 그런 점은 참 좋군요. 만약 진행한다면 어려운 점은 무엇일까요?

교사 사실, 다른 영역 수업 시간이 좀 부족한 감이 없지 않아 있어요.

원장 그럼, 그 문제는 어떻게 해결하려고 생각하고 있어요?

"다른 사람이 성공할 수 있도록 진심으로 도와준다면, 우리도 틀림없이 성공하게 된다." - 지그 지글러 -

2) 예방복지실천방법론으로서의 코칭

코칭의 사회적인 의의는 코칭을 통해 개인과 조직이 직면한 문제를 미리 예방(prevention)하도록 이끈다는 것입니다.

닉 스틴넷과 낸시 스틴넷은 여행 중, 운전하면서 많은 대화를 나누다 이혼율의 급증, 여성의 노동문제, 가족폭력 등 당시의 주요한 사회 문제로 화제를 옮겨 갔다. 가정이 죽었거나 아니면 적어도 죽어가고 있다는 당시의 여론도 화제에 올랐다. 이들 부부는 이러한 여론을 받아들이고 싶지 않았으며, 해체되지 않고 아주 잘 살고 있는 가정도 많다는 생각을 했고, 이러한 가족은 어떤 가족이며, 무엇이 다른지 궁금했다. 이들 부부는 집으로 돌아오자마자 멋지게 살고 있는 가족에 대한 연구를 하기 시작했다. '문제를 찾자'는 접근 방법을 버리고, 성공적인 가족의 특징을 찾기로 결심했다.

출처: 닉 스틴넷 외 지음. 제석봉 외 옮김. 환상적인 가족 만들기, 9–10쪽.

위 글에서 행복하고 성공적인 가족을 위해 접근하고 있는 방법은 예방입니까, 치료입니까? 또 구체적인 전략은 무엇입니까?

사람은 가족의 일원으로 태어나 가족 및 사회구성원으로 살다가 생을 마감하므로, 가족은 모든 사람과 사회의 안녕에 지대한 영향을 끼칩니다. "호미로 막을 것을 가래로 막는다"와 "소 잃고 외양간 고친다"는 속담은 예방의 중요성을 강조하고 있습니다.

코칭은 건강한 가족들이 나누는 긍정적인 대화처럼, 코치이로 하여금 튼튼한 삶을 살 수 있도록 지지합니다.

행복하고, 성공적인 삶을 위해 예방적 접근이 효과적입니까?
치료적 접근이 효과적입니까?

COACHING BOX 2-5

사다리 효과의 코칭대화

사다리는 혼자 힘으로 자신이 원하는 것을 수행하도록 돕는 매우 유용한 도구입니다.

<코칭의 개념>

왼쪽 그림은 맨홀에 빠진 두 사람이 살려달라고 두 손을 들고 소리치고 있습니다. 그런데 맨홀 옆에 있는 사람은 구해 주지 않고 엉거주춤하고 있습니다. 왜 그럴까요? 맨홀에 빠진 사람을 구해 주려다가 자신도 빠질 수 있기 때문입니다. 이와 같이 맨홀에 빠진 경우, 특단의 조치를 취하지 않으면 맨홀에 빠진 사람을 구하기 어렵습니다. 그러므로 중요한 것은 맨홀에 빠지지 않도록 미리미리 예방조치를 취해야 한다는 것입니다.

오른쪽 그림은 높이 쌓여진 책 위에 사다리를 타고 올라가 책을 읽는 아이의 모습입니다. 즉 사다리만 있으면 높은 곳이라도 스스로 올라갈 수 있습니다. 이 준비된 사다리가 코칭의 개념을 잘 설명하고 있습니다.

참 행복한 아이 모습입니다. 완전 성공 예감입니다. 엄마의 모습도 행복한 모습입니다. 역시 완전 성공 예감입니다.

3) 윈윈 파트너로서의 코치

행복 공식이자 성공 공식인 코칭은 코치이로 하여금 자긍심을 고취시키고, 코치는 파트너(partner)로서 보람을 느끼도록 이끕니다. 그리고 자긍심을 고취시킨 코치이는 준비된 통찰력으로 그 자신을 둘러싼 여러 가지 개인생활과 조직생활에서의 문제 발생을 사전에 예방하도록 돕습니다. 이렇게 되면 코치는 사회 안녕에 기여하는 공헌자가 됩니다. 이 과정에서 코치와 코치이가 나누는 대화는 열린, 쌍방향의 긍정적인 대화임과 동시에 상하가 구분되어 지시와 명령으로 일관하는 대화가 아니라 지지하는(support) 대화입니다. 그러므로 '코칭은 파트너십이다'라고 일컫는 것입니다.

이 파트너가 주는 큰 유익은 무엇일까요?

최근 들어 글로벌화가 심화되면서, 국제적인 협력 수위가 점점 높아지고 있습니다. 특히 외국의 유수한 기업체와 협력관계를 맺은 한국 기업이 자기 기업을 소개할 때, 'OOO社의 공식 한국 파트너'라고 소개합니다. 역으로 유수한 한국 기업과 협력관계를 맺은 외국 기업은 '한국 OOO社의 공식 파트너'라고 말할 것입니다. 이 '파트너'라는 의미 속에 자긍심이 가득 차 있음을 알 수 있습니다. 파트너가 되면 다가오는 변화와 위기를 극복할 수 있겠다는 자신감이 드는데, 이것은 근사한 예방조치인 것입니다.

파트너관계인 코치이와 코치는 서로서로를 지지하는 멋진 응원자이자, 에너지가 넘치는 에너자이저입니다.

코치입니까? ➜ 신뢰로운 파트너이자, 멋진 응원자입니다.

COACHING BOX 2-6

파트너됨을 느낄 수 있는 코칭대화

인간관계에서 "당신은 나의 윈윈(win-win) 파트너입니다."라는 말을 상대방으로부터 들었을 때 '아, 정말 저 사람과는 진정한 파트너이구나'라고 느끼려면, 어떤 상태이어야 할까요? 심리학에서는 충분한 래포(rapport)가 형성된 상태여야 한다고 말합니다.

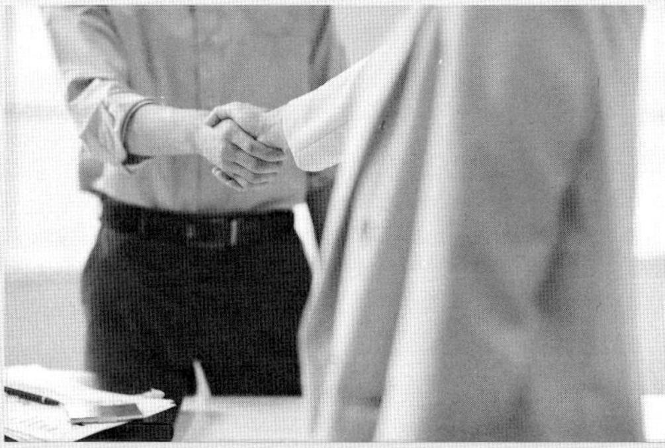

〈래포 형성〉

NLP 이론에서는 래포를 형성하는 좋은 방법으로써 대표감각 시스템에 따라 호흡맞추기, 행동맞추기, 말맞추기 하는 것을 제안하고 있습니다. 여기서 대표감각 시스템이란 시각, 청각, 체각을 말하며, 약자로 VAK로 표현합니다.

- **호흡맞추기** - 코치이의 호흡과 목소리의 음조, 고저, 억양, 속도, 액센트 및 코치이의 감정과 움직임의 방향, 체온의 정도에 자연스럽게 보조를 맞추는 것을 말합니다.
- **행동맞추기** - 코치이의 특정한 행동을 거울처럼 자연스럽게 반영하는 것을 말합니다.
- **말맞추기** - 코치이의 말과 감정 상태를 그대로 따라 하는 것과, 코치이의 말을 듣고 요약해서 말하는 것을 말합니다.

행복한 성공을 향해 길 떠나는 마차

사람은 사회적 동물이라고 합니다.
여러분이 경험한 행복한 성공,
여러분 혼자 힘으로 이루어 냈습니까?
누가 여러분을 지지해 주었습니까?

〈여러분의 행복한 성공을 도운 사람들〉
세 명 적어 봅니다.

1.

2.

3.

백짓장도 맞들면 낫습니다.

Chapter **03**

코칭의 시작과 발달

"시작과 창조의 모든 행동에는 한 가지 기본원리가 있다.
그것은 우리가 진정으로 하겠다는 결단을 내린 순간,
그때부터는 하늘도 움직이기 시작한다는 것이다."

- 요한 볼프강 괴테 -

강명자 씨는 2007년 ISU 쇼트트랙 세계선수권 대회의 3000m 계주에서 우승한 변천사(邊川沙) 양의 어머니입니다.

강명자 씨는 여러 어머니들과 함께 쓴 책《어머니는 힘이 세다》에서 딸 변천사를 세계적인 선수로 키우기 위해 자신이 변천사의 인생코치이자, 스케이팅 전문코치가 된 과정에 대해 쓰고 있습니다. 즉, 그녀는 결혼 22년 만인 마흔일곱 살에 무남독녀인 변천사를 낳았고, 남편과 함께 딸이 모래처럼 수많은 사람 중에 가장 아름답게 반짝거렸으면 하는 소망을 담아 '천사'라는 귀한 이름을 지었습니다. 그리고 딸 천사가 가지고 태어난 잠재능력을 계발하기 위해 전심전력을 다 하였습니다. 이 가운데 정말 놀라운 것은 엄마로서 딸 천사를 전문적으로 코칭할 필요성을 느끼고 쉰한 살의 나이에 '스케이팅 코치 자격'을 취득하여 딸의 행복한 성공을 도왔다는 점입니다.

강명자 씨의 사례는 코칭에서 시사하는 바가 매우 크며, 세 가지로 요약할 수 있습니다.

- 부모는 자녀에게 소중한 인생 코치입니다.
- 부모는 인생 코치이자, 자녀의 역량 계발을 위한 전문코치도 될 수 있습니다.
- 인생 코치와 전문코치로서의 부모역할은 자녀가 어릴 때부터 시작하는 것이 효과적입니다.

다른 사람이 할 수 있다면, 거의 모든 사람이 할 수 있습니다. 그러므로 여러분도 할 수 있습니다. 중요한 것은 거룩한 욕심을 내는 것입니다.

자녀와 함께 행복한 성공을 이루려면 언제부터 코칭해야 할까요? 또한 그 코칭을 위해 어떠한 준비를, 언제 시작하겠습니까?

스포츠 분야에서 먼저 시작된 코칭은 기업을 비롯한 전 생활 영역으로 확장 및 발달되고 있습니다. 그것은 코칭의 의의와 효과에 확신을 지닌 코치들의 열정이 이루어 낸 높은 코칭효과 때문입니다.

1. 코칭의 시작

코칭의 시작은 '코칭'을 어떻게 정의하느냐에 따라 차이가 있습니다. 그 예로 "너 자신을 알라"라는 질문으로 자신의 근원과 존재의 의미 발견을 철학의 대주제로 삼고, 문답법의 효시가 된 소크라테스의 시대로 거슬러 올라갈 수 있습니다. 이렇게 보면 코칭의 역사는 길기도 하고, 짧기도 하다고 볼 수 있습니다.

일반적으로 '코치'는 주로 운동경기에서 선수들을 지도하는 사람으로 알려져 있지만, 코치와 코칭의 어원과 유래를 살펴보면, 코칭과 코치는 한 뿌리에서 시작된 것임을 알 수 있습니다. 즉, 코칭은 코치가 코치이의 잠재능력을 최대한 발휘하도록 돕기 위한 과정이므로 그 영역이 스포츠이건 생활현장이건 기업이건 그 목적은 동일하기 때문입니다.

여러분은 어떤 영역에서 전문가로 활동하고 싶습니까?
→ 코치는 우리가 사는 일상생활의 다양한 영역에서 활동할 수 있습니다.

1) 코칭의 어원

원래 '코치'는 사람의 이동을 도와주는 개썰매에서 유래되었습니다. 즉, 지금은 유고슬라비아라고 불리는 아드리안 해에 달마티아라는 나라에서 마차를 끄는 개들을 코치견이라 불렀던 것입니다. 이후 헝가리의 코치(Kocs)라는 지역에서 네 마리 말이 끄는 마차를 콕시(kocsi) 또는 콕지(kotdzi)라고 불렀으며, 점점 유럽 전역으로 퍼져 나갔습니다. 이러한 유래를 거쳐 오늘날에도 영국에서는 네 바퀴가 달린 택시를 코치라고 부릅니다.

한편, 1840년대에 영국에서는 개인교사(tutor)의 별명으로 코치라는 말을 사용하였는데, 이것은 승객이 마차를 타고 목적지에 가듯이, 교사의 지도에 따라 학생이 원하는 목적지까지 도착한다는 의미로 사용했습니다. 그리고 1880년경에는 이 '코치'를 운동선수를 훈련하고, 지도하는 사람에게도 적용하여 코치라고 부르게 되었습니다. 초창기에는 코쳐(coacher)라고 불렀으나, 현재는 'coach'로 부르고 있습니다.

이러한 잔재는 아직도 일부 남아 있는데, 미국 야구의 메이저리그에서 1루와 3루 뒤에서 코치하는 사람을 코쳐라고 부르며, 그들이 서 있는 자리를 코쳐스 박스(coacher's box)라고 부르는 것이 그것입니다.

여러분도 코치이고 싶습니까? 또한 여러분도 가끔 코치이가 되고 싶습니까?

2) 현대적 의미에서의 코칭의 시작

현대적 의미의 코칭은 1980년대 초 미국에서부터 시작되었습니다. 재무설계사(planner)였던 토마스 레오나드(Thomas J. Leonard)는 여피족(yuppies) 고객들을 컨설팅하는 과정에서, 특별히 부족한 것이 없는 것처럼 보이는 사람들에게도 보다 풍요롭고, 더 의미 있는 삶을 위해 나름대로 크고 작은 도움이 필요하다는 것을 발견하였습니다.

그렇다고 해서 이러한 도움들은 굳이 상담소를 찾아서 상담하기에는 정신적 및 시간적으로 부담이 되는, 예를 들면 휴가계획, 임신, 출산 및 가족계획, 자동차 구입계획, 자녀의 양육 및 학교선택계획, 데이트 및 결혼계획, 은퇴의 시기와 재산의 처분 및 사회공헌계획 등이었습니다.

이들을 도운 결과, 고객들은 레오나드를 통해 그들이 진정으로 원하는 것이 무엇이고, 그것을 이루기 위해 어떻게 할 것인지에 대한 답을 스스로 찾고, 만족해했다는 것입니다. 이 중 한 고객은 레오나드와 자신과의 관계가 스포츠에서 선수와 코치와 같다고 보고 레오나드를 코치로 부르기 시작하였고, 이것을 계기로 현대적 의미의 코칭, 특히 라이프코칭이 시작되었다고 할 수 있습니다.

코칭은 어원과 함께 그 시작 배경을 보면 코칭이 어떠한 목적으로, 어떻게 활용하면 좋은지를 쉽게 파악할 수 있습니다.

레오나드의 고객과 같이 청해야 할 도움이 나에게도 있습니까? 여러분의 주위 사람들은 여러분에게 어떤 도움을 받고 싶어 합니까?

3) 최고 의사결정권자들의 코칭 경험의 시작

레오나드로부터 시작된 라이프코칭은 점점 기업으로 확산되기 시작했으며, 특히 1980년대 후반부터 비즈니스코칭이라는 영역으로 발전하였습니다. 이 중에서 일대일의 임원코칭(Executive coaching)은 더욱더 활기를 띠기 시작하였습니다. 조현제의 《이익 없는 기업은 사회악이다》는 책 제목에서 보듯이, 기업은 이익을 내야 하며, 특히 구성원 모두가 윈윈 시너지를 창출해야 하기 때문입니다. 이를 위해 그 누구보다도 CEO는 현대사회에서 새로운 변화를 주도해야 했습니다. 즉 상의하달(上意下達)식 경영이 아니라 구성원과 함께 파트너십을 가져야만 지속가능한 번영이 가능하다는 것을 알게 되었기 때문입니다.

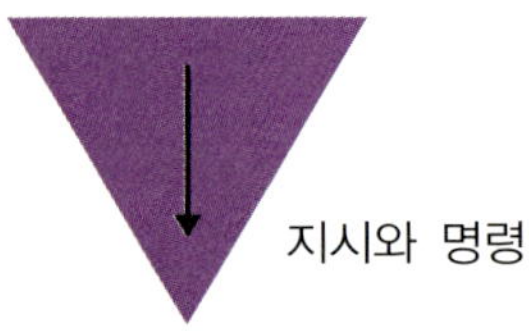

〈상의하달식 의사결정과정〉

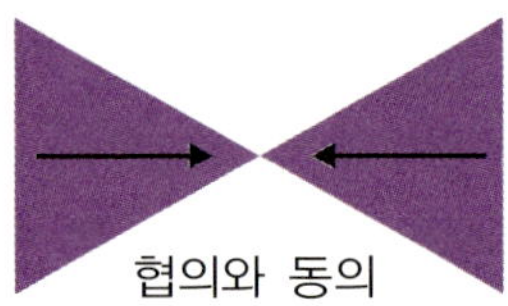

〈파트너십 의사결정과정〉

적은 자본을 가지고, 반드시 성공한다는 믿음으로 화장품 회사를 대기업으로 발전시킨 창업자인 메리 케이 애시(Mary Key Ash)는 "자신이 소유한 일부를 직원에게 나누어 주는 것보다, 그들이 이미 가지고 있는 것을 확 드러나도록 지지하는 것이 훨씬 더 바람직하며 중요하다."고 말했습니다.

여러분이 가지고 있는 것을 누구에게, 언제까지 나누어 줄 수 있을까요?

4) 조직 구성원들의 코칭 경험의 시작

손뼉도 마주치면 소리가 납니다. 임원코칭에서 코칭의 필요성과 효과성을 경험한 CEO들은 중간관리자 및 신입 직원을 대상으로 한 코칭교육을 적극적으로 도입하기에 이르렀습니다. 즉 비즈니스코칭은 물론, 왜 조직에서 일을 하는가에 대한 의미부여를 위한 라이프코칭도 함께 시도되었습니다. 그것은 목적이 이끄는 삶이 모든 영역에서의 성과 향상의 ABC라고 확신했기 때문입니다. 다시 말하면 각자가 자신을 사랑하고, 가족을 보호하며, 기업이익을 높이며, 나아가 사회구성원들을 섬길 수 있는 태도는 삶의 사명과 비전을 발견하고 성취하는 과정에서 주도적이고 열정적으로 나타나기 때문입니다.

이러한 맥락에서 로버트 바칼(Robert Bacal)은 "우리의 주 관심은 주어진 업무를 얼마나 잘 처리하는가 보다는 회사에 얼마나 기여했으며, 앞으로도 얼마나 더 기여할 것인가에 관한 것이다."라고 말했습니다.

오늘날 벤치마킹은 다른 사람의 지혜를 활용하는 행동으로서 기업에서는 매우 활용도가 높습니다. 초기에는 대기업을 중심으로 코칭교육과 코칭이 실시되었으나, 점점 중소기업으로도 전파되기에 이르렀습니다. 이에 따라 코칭을 할 수 있는 전문코칭기업들이 설립되기 시작하였고, 코칭의 확산에 크게 기여했습니다.

대부분의 코칭기업에서는 핵심영역이 있지만, 거의 비즈니스-라이프-커리어 코칭을 동시에 실시하는 편인데, 이러한 다각화는 코칭의 저변 확대를 위해 매우 필요하기 때문입니다.

여러분이 일하고 있는 기관에서 성과를 올리기 위해 여러분은 무엇을 해야 할까요?

행복한 성공을 향해 길 떠나는 마차

요즈음, 도처에서 '경영'이라는 말을 합니다.
'자기경영', '지식경영', '창조경영'도 있습니다.
성공적인 '자기경영'을 위한 여러분의 전략은 무엇입니까?

〈나의 성공정인 '자기경영' 전략〉
세 가지 적어 봅니다.

1.

2.

3.

남다른 전략은 큰 산을 움직일 수 있는 힘을 지닙니다.

2. 코칭의 발달

코칭의 발달은 '발달'을 어떤 기준으로 보느냐에 따라 다른 관점으로 요약 및 정리될 수 있습니다. 이러한 발달의 유용한 기준으로서 영향력이 큰 인물의 등장이나 획기적인 연구업적의 출간 또는 지속적인 발전을 위한 기관의 설립 등을 들 수 있습니다.

코칭의 역사는 짧은 편이므로 명료한 기준을 설정하기는 좀 무리가 있습니다만, 학회와 협회 및 연맹 등의 코칭기관의 설립은 유용한 기준이 됩니다. 왜냐하면 코칭기관은 코칭의 필요성과 중요성에 뜻을 같이 하는 사람들이 모여서, 운영을 위한 인적 · 물적 자원과 전달체계를 확보하고, 주위의 이해당사자들과 상호협력해야 하기 때문입니다. 즉 총체적인 코칭 자원을 확보하고 사회적 유익을 창출할 때 코칭의 발달에서 큰 획을 긋는다고 할 수 있을 것입니다.

코칭의 역사가 짧지만, 오늘날의 코칭은 그 발전 속도가 매우 빠릅니다. 여기에 코칭관련 대학, 연구소, 학회, 협회 및 기업들이 각각의 위치에서 배전의 노력을 기울인다면, 코칭은 비약적으로 발달할 수 있을 것입니다. 미국 캘리포니아의 세쿼이아 킹스캐니언 국립공원은 세계 최고의 큰 나무(Big Tree)로 유명한 곳인데, 한 그루 나무로 방 다섯 개가 있는 집 마흔 채를 지을 수 있다고 합니다. 더 놀라운 것은 이 나무가 뿌리를 땅속 깊게 내리지 않았는데도 북풍한설 찬바람을 잘 견뎌 나간다는 것입니다. 그것은 내린 뿌리들이 서로를 지탱해 주고 있기 때문입니다. 코칭의 발달도 이 큰 나무의 성장에 비유될 수 있습니다.

코칭이 더욱 발달하려면, 대학과 기업의 선결과제는 무엇일까요?

1) 국제적인 차원에서의 코칭의 발달

국제적인 차원에서의 코칭의 발달은 다음 세 가지 차원에서 파악 · 정리할 수 있습니다.

(1) 최초의 코칭 교육기관의 설립

1992년, 현대적 의미에서 코칭을 처음 실시한 토마스 레오나드가 비즈니스 분야에서는 최초로 코칭 전문교육기관을 설립하여 체계적인 코칭교육을 선도하였습니다.

(2) 국제코칭연맹의 설립

국제코칭연맹(International Coaching Federation: ICF)은 1994년, 코칭의 아버지라 불리는 레오나드가 주축이 되어 수준 높은 코치의 양성 및 코칭프로그램의 인증을 통한 코칭의 저변 확대를 목적으로 설립되었습니다. 이러한 목적 달성을 위해 3단계의 인증코치 자격제도(표 7-2 참조) 및 인증프로그램제(Accredited Coach Training Program: ACTP)를 실시하고 있으며, 코치 윤리기준도 제시하고 있습니다. 또 건강한 코칭네트워크를 위해 전세계에 회원국과 지부(chapter)를 두고 있습니다.

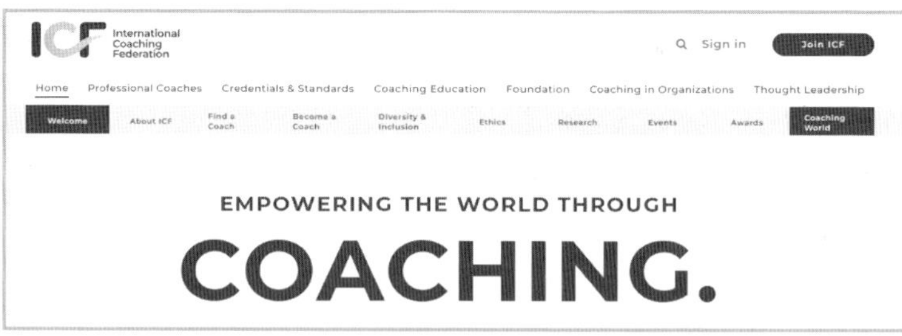

〈국제코칭연맹〉

(3) 국제코칭협회

국제코칭협회(International Association of Coaching: IAC)는 2003년, 레오나드가 주축이 되어 창설하였는데, ㉠ 코칭프로그램의 국제인증제 실시, ㉡ 국제코치 인증제 실시, ㉢ 세계코치대회의 개최를 통한 코칭네트워킹의 강화에 힘입어 글로벌 코칭의 발전을 주도하고 있습니다. 명실상부한 세계의 대표적인 코치인증기관입니다.

〈국제코칭협회〉

(4) 국제코칭협의회

국제코칭협의회(International Coaching Council: ICC)는 1998년 창설되었으며, 코칭산업의 작업장이라고 일컫는 기관으로 비즈니스와 임원코칭의 질을 향상시키는 데 기여하고 있습니다.

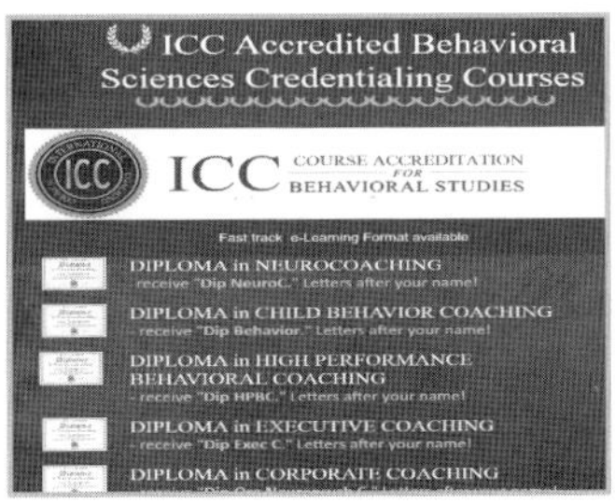

〈국제코칭협의회〉

(5) 대학원 과정에서의 코칭학 개설

미국과 캐나다, 영국 등의 대학원 과정에 코칭이 개설되어 있습니다. 미국의 리젠트(Regent)대학에서는 리더십 전공 영역 속에 코칭에 관한 학습과 연구가 이루어지고 있으며, 오스트레일리아의 시드니(Sydney)대학에서는 Master of Psychology of Coaching 및 Master of Organizational Coaching 과정을 두고 있습니다. 이외에 텍사스(Texas) 대학, 로열로드(Royal Roads) 대학, 조지타운(Georgetown) 대학, 브리시티 콜롬비아(British Columbia) 등에서 ACTP 프로그램을 교육과정 속에 반영하거나, 원격교육(Distance Learning)을 통해 코칭 교육을 실시하고 있습니다.

2) 한국에서의 코칭의 발달

우리나라에서의 코칭 발달은 다음 다섯 가지 차원에서 파악 · 정리할 수 있습니다.

(1) 코칭 교육기관의 설립

2000년대를 전후하여 컨설팅 및 리더십 관련 기관에서 소규모로 코칭과 코칭교육을 실시하기 시작하였으며, 2001년을 기점으로 기업화(firm)되어 보다 조직적인 차원에서 코칭 마인드와 기술의 확산에 기여해 오고 있습니다. 코칭 분야별로 대표적인 기관으로 인코칭, CIT코칭연구소, 하우코칭, 아시아코치센터, 초이스토웰 컨설팅(CMOE), 한국코칭센터 등이 있습니다.

(2) 한국코치협회(Korea Coach Association: KCA)의 설립

2003년, 전문코치의 지원과 건강한 코칭산업의 육성 및 코칭문화의 확산을 통해 사회구성원의 효과적인 삶을 지지하는데 기여하기 위한 목적으로 설립되어 ㉠ 코칭프로그램 인증, ㉡ 한국코치의 인증, ㉢ 한국코치대회 개최 등의 활동을 전개해 오고 있습니다. 한국코칭학회 등과 산학협동을 통한 코칭의 이론적 체계화에도 기여하고 있으며, 그밖에 국제코칭연맹과 국제코칭협회를 비롯한 외국의 코칭기관과의 연계를 통한 회원의 역량향상에 기여하고 있습니다.

〈한국코치협회〉

(3) 대학원 과정에서의 코칭학 개설

2006년 우리나라 최초로 숙명여대 아동복지전공 대학원 과정에 〈부모자녀 리더십계발과 코칭〉과 〈NLP 이론과 코칭기법〉 학부과정에는 〈코칭 커뮤니케이션과 리더십〉이 개설되었습니다. 그리고 2008년 연세대에 〈코칭 아카데미 과정〉이, 이화여대에서는 〈코칭 최고지도자 과정〉이 개설되었으며, 이후 남서울대학교는 세계 최초의 코칭 석 · 박사과정을 개설하였으며, 고려대학교 아동코칭학과, 동국대학교 상담코칭학과 및 융합상담코칭학과, 국민대학교 리더십과 코칭 MBA 등이 개설되어 코칭의 저변 확대에 기여하고 있습니다.

(4) 한국코칭학회의 설립

2006년, 지속적인 코칭기업의 설립과 함께 국내외의 인증 코치들이 배출되고, 코칭 관련 과목의 개설 및 학술논문이 발표되기 시작하면서, 코칭이론의 체계를 더 공고히 하고, 산학협동을 강화하기 위해 설립되었습니다.

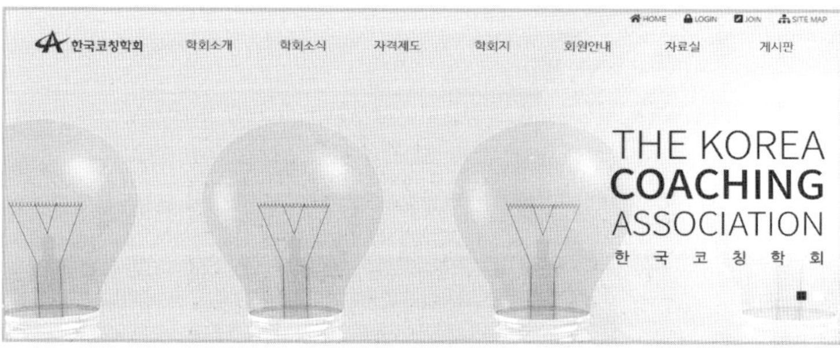

〈한국코칭학회〉

(5) 학회 주관 전문코치의 양성

2007년 국내 최초로 한국가족복지학회에서 〈가족코치사〉 양성, 뒤이어 2007년 한국부모교육학회에서도 〈부모코치사〉 양성을 시작함으로써 라이프코칭의 발전에 기여하였습니다.

행복한 성공을 향해 길 떠나는 마차

'자기경영'을 하기 위해서는 자기계발이 우선이자, 핵심사항이라고 할 수 있습니다.
전문가들은 이 자기계발에서, 자신을 알고 계발할 수 있는 일반적인 지식 및 기술에 대한 학습이 중요하다고 합니다.
곧 자기에 대한 지식경영인 셈입니다.

〈나의 성공적인 '지식경영' 전략〉
세 가지 적어 봅니다.

1.

2.

3.

참 지식은 통찰과 예견으로 이어지는 지혜의 창고입니다.

Chapter 04

코칭의 개념과 특징

“코칭은 최고의 인재를 키우는
교육법입니다.”
- 하워드 모건과 동료들 -

켄 카터(Kan Carter)는 1970년대, 미국의 리치몬드 고등학교 농구팀의 스타로서 이름을 날렸을 뿐 아니라, 전미 박스오피스 1위의 인기를 누렸던 영화 〈코치 카터, Coach Carter〉의 실제 주인공입니다.

카터는 선수생활 은퇴 후, 스포츠 용품점을 경영하며, 역시 고교 선수인 아들 데미언의 아버지로 평범하게 살아가던 중, 모교로부터 코치를 맡아달라는 제의를 수락하는 것으로 이 영화는 시작됩니다.

- 이 영화는 '코치'라는 직업을 다룬 것으로 희소성을 지닌다는 사실을 넘어 코칭이 무엇인가 하는 점에 대해서도 시사하는 점이 많습니다.

- 카터는 코치로 임명되면서, 분명한 두 가지 목표를 세웁니다. 첫째는 4년째 최하위에 머물고 있는 농구부에게 옛날의 영광을 찾아주는 일이며, 둘째는 농구부 아이들이 제대로 고등학교를 졸업한 다음, 대학에 진학하도록 돕는 것입니다. 왜냐하면 농구선수로서의 꿈을 넘어, 선수로서 은퇴한 후에도 무한한 가능성으로 더 크고, 넓고, 깊은 꿈을 지니고, 실현시킬 수 있기를 원했기 때문입니다. 이와 같이 코칭은 스스로 미래에 달성하고 싶은 분명한 목표를 찾도록 인도합니다.

- 카터는 첫 번째 목표를 이루기 위해 혹독한 훈련을 시키는 것은 물론, 두 번째 목표를 이루기 위해 챔피언 결정전을 코앞에 둔 상황에서도 선수들로 하여금 수험공부에 매진하도록 합니다. 이와 같이 코칭은 핵심 가치에 따라 설정한 목표의 달성을 위해 여러 가지 경로를 통해 문제와 장애를 극복해 나가도록 인도합니다.

주변에 코칭을 받을 필요가 있다고 보는 사람이 있습니까?
누구입니까?

'코칭'을 꾸미는 중요한 수식어는 변화와 시스템에 기반한 기술입니다. 그것은 코칭을 통해 행복한 성공을 거두는 좋은 변화이며, 그 변화의 수단은 바로 코칭기술이기 때문입니다.

1. 코칭의 개념

코칭을 정의하는 것은 코칭을 잘 이해하고자 하는 첫 시도입니다. 코칭의 정의는 '코칭'을 어떠한 시각에서, 어떠한 맥락에서 보느냐에 따라 초점과 강조점이 달라질 수 있습니다. 따라서 코칭에 대한 다양한 정의를 살펴보는 것이 필요합니다만, 이 과정에서도 유념해야 할 것이 있습니다. 그것은 현대적 의미의 코칭의 역사가 짧은 오늘날에도 하워드 모건(Howard Morgan)과 그의 동료들이 언급한 바, 곧 "코칭은 본래 의미가 확실한 개념이지만, 새로운 접근법과 요구사항들까지 포용해야 할 만큼 그 의미가 넓어지면서, 지금은 코칭이라는 개념 자체가 모호해질 위험에 처해 있다."라고 말했다는 점이 그것입니다.

이렇게 볼 때, 중요한 것은 다양한 코칭의 정의들 속에서 공통적으로 포함되고 있는 핵심 요소를 찾아내고, 그것에 주목하면서 코칭의 동향을 계속 살피는 것입니다. 코칭의 정의를 구성하는 핵심 요소로는 개인, 조직, 잠재력, 지지, 계발, 목표, 성과(결과), 자아실현, 대화기술, 협력, 파트너십, 리더십, 시스템, 커뮤니케이션 등이 있습니다.

1) 포괄적 측면에서의 코칭의 정의들

코칭은 라이프 · 커리어 · 비즈니스 코칭 등 모든 분야를 망라하여 비영리코칭기관, 영리코칭기관 및 전문 연구자 등에 의해 포괄적으로 정의되고 있습니다.

〈표 4-1 코칭의 포괄적 정의〉

국제코칭연맹	인생, 경력, 비즈니스와 조직에서 뛰어난 결과를 달성할 수 있도록 도와주는 지속적이고 전문적인 관계를 말한다.
한국코치협회	개인과 조직이 잠재력을 극대화하여 최상의 가치를 실현할 수 있도록 돕는 수평적 파트너십이다.
CCU	코칭의 코치와 발전하려고 하는 의지가 있는 개인이 잠재능력을 최대한 개발하고, 발견 프로세스를 통해 목표 설정, 전략적인 행동, 그리고 매우 뛰어난 결과의 성취를 가능하게 해주는 강력하면서도 협력적인 관계이다.
게리 콜린스	한 개인이나 집단을 현재 있는 시점에서 그들이 바라는 더 유능하고 만족스러운 지점까지 나아가도록 인도하는 기술이자 행위이다.
스즈키 요시유키	상대방의 자발적 행동을 촉진시키기 위한 커뮤니케이션 기술이다.
에노모토 히데타케	개인의 자아실현을 지지(support)하는 시스템이다.
이소희	행복한 성공을 실현하는 사랑과 지혜의 대화이다.
박정영	코칭은 고객의 개인적, 전문적 가능성을 극대화시키기 위해 영감을 불어넣을 수 있고 사고를 자극할 수 있는 창의적인 프로세스 안에서 고객과 파트너가 관계를 맺는 것이다.
인코칭	코칭받는 사람이 스스로 사실을 발견하고 해결방법을 찾을 수 있도록 하는 것으로, 주로 커뮤니케이션의 방법을 통해 문제를 해결하도록 하는 방법이다.
초이스토웰 컨설팅(CMOE)	상대방에게 동기를 부여해 주고, 업무 성과를 향상시키고, 문제인식 및 자각을 돕고, 역량개발을 강화시켜 주는 것이다.
한국코칭센터	개인과 조직의 잠재능력을 개발시켜 성공을 위한 자아실현과 나아가 조직의 성과를 한층 더 높일 수 있도록 도와주는 지속적인 파트너십이다.

COACHING BOX 4-1

데모(demo)코칭의 경험을 통한 코칭의 이해

고객 코칭이 무엇인가요?

코치 코칭은 코칭대화를 통해 상대의 미래를 창조하는 것입니다. 사실 말만으로는 충분한 설명이 어려운데, 코칭을 경험해 보시면 어떻겠어요? 약 7분 정도면 됩니다.

고객 그래요? 어떻게 하는 것인가요? 7분이라면 한 번 해보죠.

코치 지금 현재 김 선생님의 삶에 대한 만족도가 얼마 정도 되시나요?

고객 한 80% 정도 된다고 할 수 있지요.

코치 80%는 상당히 높은 수준입니다. 열심히 삶을 살아가고 계신 듯합니다. 아주 좋아요. 음, 80% 삶을 이번 6월까지(혹은 올해까지) 얼마 정도 높이고 싶으세요?

고객 물론 100%까지 높이고 싶습니다.

코치 와, 대단하십니다. 100% 삶을 한 번 그려보시기 바랍니다.

고객 음, 나의 100% 삶은 …… 이러합니다.

코치 와, 아주 좋습니다. 자 그렇다면 100% 삶을 이루기 위해서 지금 당장 무엇을 해보시겠습니까?

고객 지금 당장요? 매일 30분의 시간을 내기 위해서 시간을 좀 조정해 보겠습니다. 매일 30분만 있어도 저의 생각과 경험을 정리하고 글을 쓸 수 있을 것 같아요.

코치 매일 30분 정도 생각을 정리하고 글을 쓸 수 있다면 기분이 어떠시겠어요?

고객 뭔가 보람이 있을 것 같아요. 사실 몇 년 전부터 글을 꼭 쓰고 싶었는데 일상에 밀려서 엄두도 못 내고 있었습니다. 주위의 사람들도 제게 하루라도 빨리 해보라고 하는데 정말 엄두가 안 나서요. 하지만 30분씩만 시간을 내어 시작을 해보면 뭔가 자신감이 생길 듯합니다.

코치 바로 이것이 코칭입니다. 고객이 진정 원하는 것을 이룰 수 있도록 해주고 그러한 과정에서 고객은 보람과 자신감을 느낄 수 있지요. 짧은 시간이었지만 코칭을 경험하신 느낌이 어떠세요?

고객 음, 잘은 모르겠지만 코칭을 하게 되면 저의 생각들이 많이 정리될 것 같습니다. 오늘도 짧은 시간이었지만 계속 생각만 해오던 것이 많이 정리가 되고 한 번 해보면 너무 좋겠다는 자신감도 생기네요.

출처: 한국코치협회 홈페이지 - 박정영 전문코치의 코칭컬럼(2006. 5. 16)

"당신이 신뢰받으려면 당신 자신을 보여주어야 한다."

- 미첼 왈츠 -

2) 은유적 측면에서 본 코칭의 정의

우리는 어떤 개념을 정의하거나 표현할 때, 은유법을 사용하곤 합니다. 왜냐하면 은유법을 사용하는 것이 어떤 개념을 설명하는데 훨씬 설명력이 높다고 보기 때문입니다.

스펜서 존슨(Spencer Johnson)이 쓴 책 《선물, The Present》에서 전하는 강력하고도 멋진 메시지는 지금 '현재'를 충실하게 사는 것이 바로 대단한 '선물'이 된다는 것입니다. 일본의 저명한 코치인 다카이시 이츠코는 코칭을 '선물'로 표현하면서, 코칭의 개념을 다음과 같이 축약했습니다.

P : Personal Foundation – 자기 기반을 강화한다.
R : Relationship – 좋은 관계를 만든다.
E : Experience – 체험으로 얻은 지식을 활용한다.
S : Spiritual Growth – 정신적인 성장을 촉구한다.
E : Excellence – 장점을 탁월한 것으로 만든다.
N : Nurture – 인정하고, 배려하고, 발전시킨다.
T : Total Balance – 전체적인 균형을 중요시한다.

코칭도 이러한 맥락에서 정의하면, 코칭의 본질을 보다 더 잘 이해할 수 있습니다. 즉 피부로 느끼는 나와 우리의 코칭이 되게 합니다.

'선물' 하면, 어떤 그림이 그려집니까?
여러분은 선물 같은 '코칭'을 누구에게 선물하고 싶습니까?

COACHING BOX 4-2

은유법을 활용한 코칭팰로우의 코칭 정의들

다카이시 이츠코는 코칭팰로우(fellow)를 “사람들의 행복과 성공을 진심으로 바라며 ‘코칭대화’가 되도록 항상 힘쓰는 사람”이라고 정의했습니다.

그리고 코칭팰로우인 조셉 오코너가 코치를 ‘피라미드 탐험가’에 비유했을 때, 사람들은 다음과 같이 질문했습니다.

“오코너 씨, 왜 코치가 피라미드 탐험가인가요?”

“왜냐하면 당신이 어디를 발굴해야 하는지 알 때, 당신은 아무도 와 본 적이 없던 장소라고 하더라도 그 내부에서 보물을 찾아낼 수 있습니다. 그처럼 나는 사람들 속에서 발굴할 것을 봅니다. 사람들은 마치 밖으로 꺼내져서 빛나기를 바라는 보물이 숨겨져 있는 고대의 피라미드와 같기 때문입니다.”

행복한 성공을 향해 길 떠나는 마차

요즘 서점에 가면 코칭에 관한 많은 책들을 볼 수 있습니다.
이러한 책에서 한결같이 내세우고 있는 것은 코칭을 통해 개인 자신이든, 가족관계, 친구관계, 직장관계 등에서 탁월함을 창출한다는 것입니다.
인간관계에서 탁월하다는 칭송을 받는 사람들은 어떤 특징을 지녔을까요?

〈탁월한 인간관계를 형성하는 사람들의 특징〉
세 가지 적어 봅니다.

1.

2.

3.

관찰은 제 2의 창조를 촉발시킵니다.

2. 코칭의 특징

코칭의 개념을 이해하면 코칭의 특징도 잘 이해할 수 있습니다. 나아가 코칭의 개념과 특징을 더 잘 이해하는 방법은 코칭과 관련된 개념을 비교해 보면서, 무엇이 코칭이 아닌가에 주목해 보는 것입니다. 코칭과 비교해 볼 필요가 있는 개념들은 다음과 같이 일직선상에 배열됩니다.

〈코칭의 위치〉

여기에서, 'Me'로 갈수록 전문가의 의도적인 개입이 비중 높게 강조되며, 'You'로 갈수록 코칭을 받는 코치이의 생각과 결정이 강조됩니다. 그리고 이러한 개념은 다음과 같이 짝지어집니다.

치료자(doctor, therapist)	–	환자(client)
상담자(counselor)	–	피상담자(client)
교사(teacher)	–	학생(student)
훈련교관(trainer)	–	훈련생(trainee)
촉진자(facilitator)	–	연수생(Intern)
관리자(manager)	–	부하(follower)
컨설턴트(consulant)	–	고객(customer)
멘토(mentor)	–	멘티(mentee)
코치(coach)	–	코치이(coachee)

여러분은 어떤 위치의 사람으로 가정과 직장에서 생활하고 있습니까?

1) 관련 개념의 비교에서 본 코칭의 특징

코칭은 인간관계기술의 하나입니다. 모든 인간관계기술은 그 기술이 필요한 사람들이 있으므로 모두 유용하며, 이 유용성이 바로 그 기술의 특징이라고 볼 수 있습니다. 따라서 각 기술은 추구하는 목적과 내용 및 과정이 다르므로 어떤 기술이 더 좋다고 할 수는 없습니다.

다만 전문가의 개입 수준과 대응관계에 있는 사람의 자발성과 주도성의 입장에서 본다면, 대체로 코칭은 코치의 개입 수준이 가장 낮은 반면, 코치이의 자발적 행동 수준이 가장 높은 인간관계기술이라는 점입니다.

〈표 4-2 코칭 관련 개념의 정의〉

멘토링	해당 분야에 전문적인 지식과 기술, 지혜를 가진 사람이 이것을 필요로 하는 사람에게 전달하는 것
컨설팅	컨설턴트가 주도하여 현상들을 관찰하고 종합하여 조직의 문제점을 진단하고 그 문제를 해결할 수 있도록 방법을 제시하는 것
관리	특정 지위의 사람이 부여된 권한에 따라 인적·물적 자원을 통제하고 지휘·감독하는 것
촉진	해당 분야의 전문가가 이미 알고 있고, 할 수 있는 일을 더 잘하도록 개입하고 지지하는 것
훈련	트레이너가 중심이 되어 훈련생들에게 특별한 지식과 기술을 전수하는 것
가르침	이미 알고 있는 것을 확장하고 모르고 있는 지식과 기술을 가르치는 것
상담	과거부터 현재에 이르기까지 직면하고 있는 문제를 해결하도록 돕는 것
치료	이미 손상된 곳이 더 이상 악화되지 않도록 함과 동시에 회복하도록 돕는 것

COACHING BOX 4-3

코칭과 관련 개념들의 비교

㉠ **멘토링** – 멘토링이 최근 비즈니스 분야에 진출하면서 좀더 구조화되고, 수평화되는 경향이 있습니다. 멘토링은 코칭의 형태와 매우 유사합니다만 차이가 있습니다. 즉 멘토링은 멘토와 멘티의 관계에서 수직적이며, 상호 간의 인격적 개입이 더 깊이 일어납니다. 그러나 코칭은 수평적 파트너십이며, 깊숙한 개입을 할 필요가 없습니다.

㉡ **컨설팅** – 코치는 컨설팅에서처럼 진단하고 해결책을 제시하지 않습니다. 코치는 코칭받는 사람이 스킬업(skill up)하거나 변화, 또는 목표를 달성할 수 있도록 촉진시키는 역할을 합니다. 컨설팅적 해결이 필요한 경우, 코칭은 함께 파트너십을 이루어 문제를 해결해 나갑니다. 컨설팅이 해결책을 제시하는 것이 목적이라면, 코칭은 그 해결책을 스스로 발견하게 하고 추후 그 해결책을 스스로 재생산할 수 있도록 프로세스(process)를 공유하고, 그 능력을 갖도록 하는 것이 목적입니다. 컨설팅이 무엇(what)에 집중하는 반면, 코칭은 누구(who)에 집중하는 것입니다.

㉢ **카운셀링, 치료(테라피)** – 코치는 문제를 해결하기 위해 한 사람의 과거를 여행하거나, 당시의 행동에 대해 지나치게 연구하지 않습니다. 코치는 그러한 것들을 코치받는 사람의 몫으로 남겨두고 단지 그들이 그 사실을 깨달을 수 있도록 도와주며, 그들이 한걸음 앞으로 나아가 개인적 · 직업적 목표들을 달성할 수 있도록 돕습니다. 카운셀링이나 테라피가 과거 지향적인 면이 많은 반면, 코칭은 철저히 미래 지향적입니다. 코칭철학에서도 언급하였지만, 코칭의 대상은 치료의 대상이 아닙니다.

출처: 한국코치협회 자료실.

"사람은 사는 것을 준비하기 위해서가 아니라, 살기 위해서 태어났습니다."
- 보리스 파스테나르크 -

2) 코칭 관련 개념의 공통성과 유사성의 비교

코칭 관련 개념은 차이만 있는 것이 아닙니다. 공통적인 측면도 있습니다. 수학에서 말하면 교집합의 영역이 있다는 것입니다. 바로 이 공통성 때문에 코칭은 다른 인간관계기술과 관련된 개념에 대한 비교 이해가 필요한 것입니다. 동시에 이러한 유사성과 공통성으로 인해 어느 정도의 경계를 넘을 수도 있는 것입니다. 따라서 심리코칭, 상담코칭, 치료코칭과 같은 용어도 조심스럽게 사용할 수 있는 것입니다.

다시 말하면 기존의 상담이나 치료영역에서 코칭적 접근을 도입할 수 있다는 것입니다. 이 경우 코칭은 공통분모가 되는 차원인 것입니다. 실제적으로 코칭의 꽃이라고 할 수 있는 질문은 교육, 상담, 치료 등 어떤 인간관계기술에서도 사용되어야 하며, 동시에 목표를 정하고, 성취시키기 위해서는 일반적으로 말하는 코칭프로세스와 같은 과정이 필요합니다. 예를 들면, 발달장애로 놀이치료를 받고 있는 아이를 둔 부모의 경우, 이 부모가 자녀의 문제로 인해 우울증에 빠져 있을 때 일반적으로 접근하는 방식은 그 부모의 요청에 의한 상담과 치료입니다. 즉 과거 지향적 문제해결 접근을 취합니다.

그러나 패러다임을 전환시켜 코칭접근을 동시에 시도할 수 있습니다. 왜냐하면 발달장애를 일으킨 직접적 원인이 부모에게 있지 않을 수도 있기 때문입니다. 따라서 현재 부모가 느끼는 우울증에서 앞으로 느끼고 싶은 행복감으로 나아가기 위해 현재의 상태를 기준점으로 하여 코칭하는 것입니다. 그래서 코칭은 긍정적 시각에서의 접근이라고 말하는 것입니다.

COACHING BOX 4-4

코칭과 다른 기술과의 차이점에 대한 포괄적 이해

조셉 오코너와 그의 동료는 《NLP코칭》에서 코칭접근법과 다른 접근법의 차이에 대해 다음과 같이 요약하고 있습니다.

〈표 4-3 코칭과 기타 접근법〉

구분	코칭	기타 접근법
문제에 접근하는 방법	생산적임	카운슬링과 치료를 위한 테라피
전체적인 비즈니스에 미치는 영향	간접적임	직접적임 컨설팅
집중하는 시간	현재와 미래	과거 특히 테라피와 카운슬링
역할	질문	해답 제시 특히 트레이닝과 교육
접근방법	행동	이해 특히 테라피와 카운슬링
비즈니스 경험	꼭 필요하지 않지만 유용	필수적 멘토링
인원수	주로 일대일 (팀코칭도 있음)	1 : 다수 특히 트레이닝과 교육
지향성	간접적	직접적 매니징과 업무관리

"유능한 인생코치가 되기 위해서 많은 기술과 수년간의 경험이 반드시 필요한 것만은 아니다. 사람들에게 가장 도움이 되는 것은 그들에 대한 헌신과 수준의 정도이다. 헌신은 기술에서만 나오는 것이 아니라, 코치의 성품에서 나온다."

- 데이브 엘리스 -

3) 코칭 배경이론에서 본 코칭의 특징

이론은 사물과 현상을 체계적으로 설명할 수 있는 논리적 바탕으로써 높은 파급력, 적용력, 영향력을 지닙니다.

(1) 발달심리이론과 코칭

코칭은 인간의 성장발달을 지지하는 강력한 대화기술입니다. 동시에 코칭의 대영역은 생활연구는 시급한 과제 중의 하나입니다. 다음은 심리학의 대표입니다. 따라서 코칭은 인간의 성장과 발달을 설명하는 다양한 이론적 배경과 관련될 수밖에 없고, 특히 인간관과 밀접한 관계를 갖습니다.

그렇지만 코칭의 역사가 일천하고, 연구도 시작단계이기 때문에 체계화되지 못한 면이 큽니다. 코칭이 점점 더 심화 · 발전되기 위해서는 코칭의 이론적 인간관과 코칭의 인간관을 비교 · 정리한 것입니다만, 이러한 관점도 더 정교히 연구되어야 합니다.

<표 4-4 시스템에 기반한 코칭의 철학>

구분	인간관	인간본질에 대한 접근법	방법론
정신분석학	무의식의 지배	무의식의 이해	자유연상, 꿈의 분석
행동주의	기계와 같은 인간	자극-반응 관계의 이해	환경에 따른 행동변화 측정
인본주의	존엄한 인간	주관적 경험세계의 이해	무조건적 긍정적 수용
인지주의	정보처리자	인지과정의 이해	체계적 관찰을 통한 추론
코칭	무한한 가능성과 잠재력의 소유자	개인의 미래에 대한 욕구 이해	코칭스킬, 코칭프로세스

출처: 도미향 외(2023). 최신 코칭학개론.

COACHING BOX 4-5

성장 발달코칭

인간의 삶은 변화의 연속이며, 이러한 변화를 통해 인간은 발달한다고 합니다. 그리고 변화의 특징을 고려하여 인간발달을 여러 단계로 나누고 있습니다. 세계적인 경영 컨설턴트인 찰스 핸디(Charles Handy)는 그의 책 《패러독스의 시대, The Age of Paradox》에서 'S자형 곡선'이라는 제목으로 성장의 비결을 소개하고 있습니다.

〈S자형 곡선〉

위 그림에서 보는 바와 같이 지속적인 성장의 비결은 첫 번째 곡선이 소멸하기 전에 'S'자 곡선을 새로 시작하는 것입니다. 그 두 번째 곡선의 시작점은 (가)로 봅니다. 즉 이 시작은 첫 번째 성장 곡선이 하향곡선을 그리기 전인데, 왜냐하면 새로운 성장을 위해 준비할 수 있기 때문이라는 것입니다. 이 준비에는 지식, 기술, 마음, 협력, 시간, 자원 등을 다 포함합니다.

흔히 인간의 삶의 과정을 일컬어 생로병사(生老病死)라고 표현하듯이, 모든 발달은 하향곡선을 그리도록 되어 있습니다만, 가능하면 그 하향곡선을 느리게 그리며, 오래 살고 싶은 것이 인간의 본능적 소망입니다. 따라서 지속가능한 성장을 위해서는 성장하고 있는 과정에서도 늘 새로운 'S' 곡선을 염두에 두고 준비-계획-실천해야 한다는 것을 말합니다.

만약 (가) 지점에서 새로운 성장곡선을 그리지 못해 (나)에 도달해 있다고 하더라도 좌절하거나 포기하지 말고 도전해야 합니다. 그러므로 코칭은 (가) 시점에서도, (가)~(나)로 가는 여정에서도, 그리고 (다) 시점에서도 필요한 것입니다.

찰스 핸디는 (다) 점은 제시하지 않았습니다만, 삶의 종착지에 도달할 즈음, 아름다운 끝을 위해 (다) 시점의 전후좌우에서도 코칭이 필요한 것입니다.

(2) 경영이론과 코칭

코칭은 인간관계기술이며, 성장을 추구하므로 모든 인간발달 이론이 기본적인 바탕이 됨과 동시에 코칭은 목표 달성을 통한 성과지향적이기 때문에 경영이론도 매우 중시합니다. 특히 더글러스 맥그리거(Douglas McGregor)가 제시한 X이론과 Y이론은 시사성이 큰 편이며, 코칭은 Y이론에 그 적합도가 높다고 보고 있습니다. 다만 흑백논리식의 이분법에 치우치지 않아야 합니다.

<표 4-5 코칭의 배경 파악을 위한 X, Y이론>

X이론	Y이론
인간은 게으르고 창의적이지 못하다고 본다. 따라서 생산성을 높이기 위해서는 확실하게 지시하고, 잘못했을 경우에는 엄격하게 평하고 불이익을 주어야 한다. 또한 동기부여를 할 경우에도 소위 '당근'과 '채찍'을 동시에 사용해야 한다.	인간은 부지런하고 창의적이라고 본다. 따라서 생산성을 높이기 위해 잠재되어 있는 성취 욕구를 자극하고 잠재력을 계발할 수 있도록 지지적인 환경을 조성하면 된다. 또한 동기부여에서도 물질적인 보상과 함께 심리적 자긍심을 느끼도록 배려한다.
X이론을 적용할 경우 가장 문제가 되는 것은 주도성, 자발성의 결여로 누군가가 끊임없이 관리해야만 한다는 것이다.	Y이론을 적용할 경우 가장 큰 성과는 주도성과 자발성에 힘입어 윈윈 파트너십을 발휘하는 것이다.

한편 토마스 G. 크레인(Thomas G. Crane)은 그의 책 《코칭의 핵심》에서 Coaching의 앞 영문자를 딴 C 이론과 소속감과 참여정신을 지닌 Z 조직론 및 의미 있는 목표 달성과 비전을 강조했습니다. C 이론의 변혁적 코칭의 핵심은 사람들이 코칭 효과를 본 것을 피부로 느낄 수 있도록 코칭하는 것을 말합니다.

여러분은 X이론, Y이론, C 이론에 얼마나 동의하십니까?

COACHING BOX 4-6

의학적 관점에서 본 코칭의 특징

코칭의 개념과 특징을 잘 설명하기 위해 곧잘 서양의학과 동양의학의 특성에 비유하곤 하는데, 코칭은 동양의학적 특성을 더 지녔다고 봅니다. 동양의학에서는 보약(補藥)에 비중을 둡니다. 알다시피 보약은 몸을 보호하는 약으로서, 대체로 세 가지 이유로 먹습니다.

첫째는 특별한 이상이 없음에도 불구하고, 더욱 활력 있게 생활하기 위해 먹습니다.

둘째는 향후, 힘든 일을 하게 되거나 열악한 환경에서 생활할 가능성이 있을 때를 대비하여 미리 먹습니다. 두 말할 나위 없이 면역력과 저항력을 기르기 위해서입니다.

셋째는 몸에 이상이 발견되었을 때입니다. 그런데 이 경우에도 아주 특별한 경우가 아니면, 즉시 치료에 들어가지 않고 먼저 몸을 보(補)한 다음에 치료에 들어갑니다.

〈표 4-6 코칭의 특징 파악을 위한 의학의 이해〉

서양의학	동양의학
대처요법이 중심	예방요법이 중심
아픈 부분을 수술로 제거한다. – Help	자연치유능력을 이끌어낸다. – Support
인체는 무력하다.	인체는 무한한 가능성이 있다.

출처: 히데타케, 마법의 코칭, 73쪽.

이렇듯 코칭이 동양의학적이라는 것은 탁월한 예방효과가 있다는 것과 맥락을 같이하며, 인간경영론에서의 Y이론 및 코칭철학의 핵심과도 깊은 관련을 가집니다. 요약하면 코칭은 코치이의 잠재능력을 믿고, 이 능력을 스스로 발휘할 수 있도록 응원하는 것입니다.

여러분은 수술하고 싶습니까? 보약이 먹고 싶습니까?
그 보약은 어떤 성격의 보약입니까?

행복한 성공을 향해 길 떠나는 마차

동양의학은 느리게 사는 철학과 관련되어 있습니다.
느리게 사는 철학은 자연의 철학입니다.
정신과 의사인 크리스토퍼는 미국의 플로리다 주 템파베이에서 큰 규모의 기독교 상담소를 운영하다가 오조크 산맥 기슭의 작은 언덕에 위치한 조그만 농촌으로 이사해서 코칭을 하고 있습니다. 목가적인 느낌이 든다고 볼 수 있습니다.
크리스토퍼는 삶의 균형을 위한 코칭에서, 그들이 가장 소중하게 여기는 것이 무엇인가를 확인하면서 코칭을 시작한다고 합니다.

가장 소중한 것 – 내가 가장 소중하게 여기는 것은 무엇입니까?
우선순위대로 세 가지를 써 봅니다.

1.

2.

3.

생각하기에 따라 그 어느 것도 소중합니다.

Chapter 05

코칭의 철학과 원리

비관주의자들은 별의 비밀을 발견해 낸 적도 없고, 지도에 없는 땅을 향해 항해한 적도 없으며, 영혼을 위한 새로운 천국을 열어준 적도 없다.

- 헬렌 켈러 -

로리 베스 존스(Laurie Beth Jones)는 전문 라이프코치이자 작가이기도 합니다. 로리 베스 존스는 자신의 인생 코치였으며, 또한 자신은 누구의 인생 코치인가에 대해 강조합니다. 또한 그녀는 자신에게 맞는 사명을 찾아내는 것이 중요하다고 말합니다.

이 과정에서 로리 베스 존스는 자신과 다른 사람을 코칭으로 이끌 때 다음과 같은 세 가지의 유명한 코칭 원리를 발견하였습니다.

- 인생의 초점은 인생에서 가장 중요한 것을 정의하고, 그것에서 벗어나지 않는 것입니다.
- 인생의 균형은 불안정한 인생에서 인정하는 법을 배우는 것입니다.
- 인생의 생산성은 지속적으로 가능성을 확대하여 열매 맺고, 생동감을 갖는 것입니다.

로리 베스 존스처럼 긴 삶의 여정에서 코치의 코칭을 받아 성장하면, 그 힘을 바탕으로 다른 사람을 코칭할 수 있는 역량을 가지게 됩니다.

이렇게 하기 위해서는 먼저 자신의 삶의 목적과 의미에 대해서 질문해야 합니다.

여러분은 누구에게 코칭을 의뢰하겠습니까? 그리고 여러분은 또 누구를 코칭하시겠습니까?

철학이 있는 삶은 나 자신이 주도하는 삶으로서 자긍심을 느끼게 합니다. 나아가 다른 사람도 철학이 있는 삶을 살도록 존중하며 배려합니다. 코칭철학도 코칭을 실천하는 기반이 되어 코칭의 성과를 높임으로써 성공적인 삶을 살도록 이끕니다.

1. 코칭철학

삶을 영위하면서 어떠한 철학을 지니고 사느냐에 따라, 그 사람의 삶의 향방과 그 결과에 이르기까지 지대한 영향을 미칩니다. 아시다시피 철학은 매우 중요한 논제임에도 불구하고, 이를 논한다는 것은 쉽지 않습니다. 그것은 우리들이 '철학'과 '철학자'라는 단어를 떠올릴 때, 연상되는 느낌이 서로 비슷하다는 것에서 알 수 있습니다. 즉 환하게 웃는 사람보다는 마치 로댕의 '생각하는 사람'처럼 심각한 표정을 짓는 사람이 더 많다는 것입니다.

코칭철학을 살펴보는 것은 두 말할 나위 없이 코칭의 본질을 잃지 않고, 코치이의 성장과 성과를 지향하면서 효과적으로 코칭하기 위해서입니다. 즉 코칭을 코칭답게 하기 위해서입니다. 물론 이 과정에서 코치도 성장 · 성공하게 되는 것은 두말할 나위가 없습니다.

이렇게 중요한 코칭철학은 코칭전문가와 코칭전문기관 등에서 제시하고 있는데, 매우 유사함을 알 수 있습니다. 그것은 무릇 한 사상(事象)과 현상(現狀)에서 원리가 될 정도로 중요한 의미를 가진다면, 당연히 공통점을 가지게 될 것이기 때문입니다.

1) 에노모토 히데타케가 제시한 코칭철학

철학이란 어떤 사물과 현상에서 전제가 되는 생각을 말합니다. 일본의 에노모토 히데타케는 전문코치로서 그의 책《마법의 코칭》에서 세 가지 코칭철학을 제시하였는데, 이 코칭철학은 코칭계에서 코칭 패러다임을 확립하는데 크게 기여하였습니다.

〈표 5-1 시스템에 기반한 코칭의 철학〉

제1철학	모든 사람에게는 무한한 가능성이 있다.
제2철학	그 사람에게 필요한 해답은 모두 그 사람에게 있다.
제3철학	해답을 찾기 위해서는 파트너가 필요하다.

히데타케가 제시한 이 코칭철학은 '코칭의 정의, 곧 개인의 자아실현을 서포트하는 시스템이다'와 관련하여 살펴보면 더 잘 이해할 수 있습니다.

〈시스템으로서의 코칭의 정의〉

왜냐하면 코칭의 세 가지 철학은 코칭의 정의에서 말한 '시스템(system)'에서 매우 중요하다고 보았기 때문입니다. 동시에 코칭에서 흔히 사용하는 '기술'을 쓰지 않고, '시스템'이라고 한 것은 코칭이 단순히 기술이나 방법론만을 의미하는 것이 아니라 코칭기술은 특정한 사고방식이자, 특정한 인간관계로 보아야 하기 때문이라고 하였습니다.

(1) 제1철학

제1철학은 인간관에 대한 철학적 기초를 말하고 있습니다. 즉 '모든 사람은 무한한 가능성이 있다'라는 철학은 성선설(性善說) 입장에서, 맥그리거가 말하는 Y이론을 지지하고 있습니다. 따라서 코칭을 통해 자아실현을 이루도록 돕기 위해서는 'help'보다는 'support'의 개념을 지향하여 코칭해야 한다고 보고 있습니다.

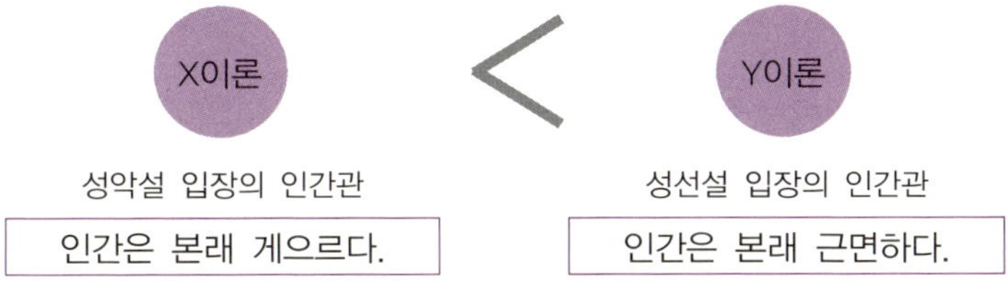

〈Y이론에 근접한 코칭 인간관〉

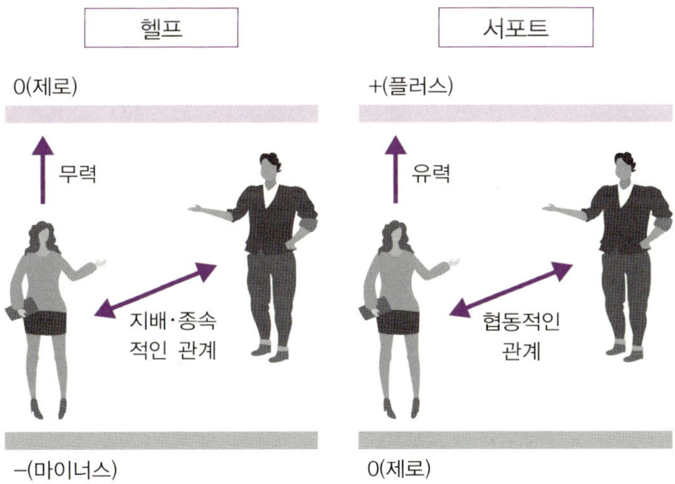

〈헬프와 서포트〉

(2) 제2철학

제2철학은 타고난 잠재력 계발에 대한 철학적 관점을 제공하고 있습니다. 즉 '그 사람에게 필요한 답은 모두 그 사람에게 있다'는 것은 신뢰에 바탕을 둔 임파워먼트(empowerment)와 원투 원 매니지먼트(one to one management)를 통해 문제해결을 포함한 성장발달을 위한 핵심 역량을 충분히 계발할 수 있다는 것입니다. 이러한 접근은 매우 인본주의적인 시각이라고 할 수 있습니다.

〈표 5-2 상사 위주의 매니지먼트와 부하 위주의 매니지먼트〉

상사 위주	부하 위주
상사가 해답을 가지고 있다.	부하가 해답을 가지고 있다.
X이론에 바탕을 둔 인간관	Y이론에 바탕을 둔 인간관
조건부 신뢰	무조건적인 신뢰
지시명령형의 커뮤니케이션	질문형의 커뮤니케이션
세로형 조직	가로형 조직

상사 위주에서 부하 위주의 시각은 다양한 인간과계에 적용할 수 있습니다.

이를테면 부모 위주 → 아이 위주와 교사 위주 → 학생 위주의 시각으로 전환해 보는 것입니다. 이렇게 대체해 보면, 코칭의 철학은 그 어떤 인간을 대상으로 한 코칭에서도 유사하게 적용됨을 알 수 있습니다.

그렇지만 히데타케의 코칭철학은 비즈니스코칭의 차원에서 설명하고 있는 만큼, 라이프코칭에 적용하기 위해서는 다소 번안이 필요합니다.

(3) 제3철학

제3철학은 조직에서의 효과적인 인사관리의 방향과 접근방법에 대한 바탕을 제공하고 있습니다. 즉 '해답을 찾기 위해서는 파트너가 필요하다'는 것은 상사 위주보다는 부하 위주의 매니지먼트를 지향해야 한다고 보는 것입니다. 그리고 이를 위한 효과적인 커뮤니케이션 방법으로서 신뢰로운 파트너십에 바탕을 둔 질문을 들고 있습니다. 따라서 이 3철학은 실제적인 코칭의 가능성과 필요성을 언급하고 있는 것입니다.

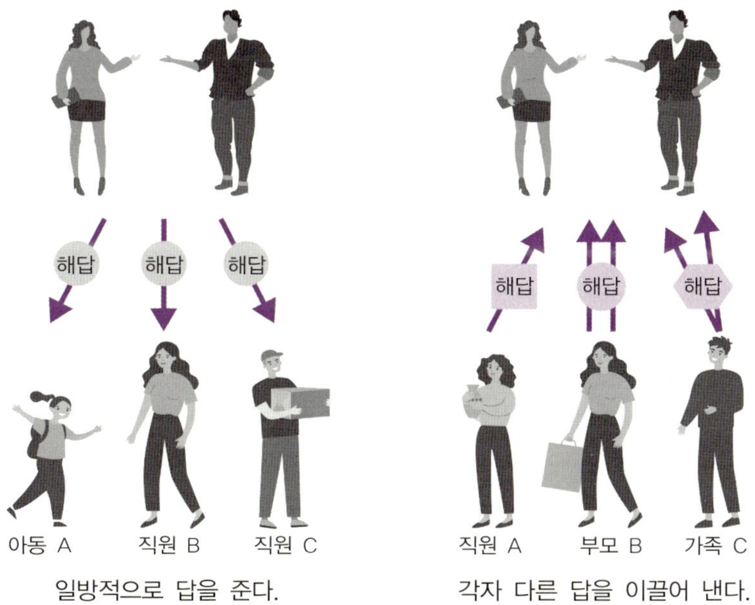

<매스 매니지먼트와 원 투 원 매니지먼트에서의 해답>

2) 이소희가 제시한 코칭철학

행동과학에서 철학이 지니는 의의는, 그 철학에 기반하여 인간으로 하여금 자신 있게 행동하도록 이끌 뿐 아니라 그 행동의 타당성을 다른 사람에게 말할 때도 설득력을 지닌다는 것입니다. 이소희는 '무한'을 기본 개념으로 하여 능력 → 성취 → 도전이라는 순서적 개념을 적용하여 코칭철학을 제시했습니다.

<표 5-3 이소희가 제시한 코칭철학>

철학의 핵심	철학의 효과와 내용	
제1철학 – 무한 능력	가능성	모든 인간은 무한 능력을 계발하여 참 행복한 삶을 살 수 있습니다.
제2철학 - 무한 성취	주도성	무한 능력으로 무한 성취를 이루는 해답은 자기 자신에게 있습니다.
제3철학 - 무한 도전	효과성	무한 성취를 이루기 위한 무한 도전에는 코치의 지지가 필요합니다.

(1) 무한 능력의 제1철학

모든 인간은 자기 나름대로 정의한 '행복한 성공'을 이루려고 합니다. 복되게도 인간은 행복한 성공을 이룰 수 있는 무한 능력을 가지고 태어났습니다. 물론 이 무한 능력은 자신이 지니고 있는 능력을 계발하는 것과 함께 다른 사람이 지니고 있는 능력을 활용할 수 있는 능력까지도 포함됩니다. 따라서 자신과 다른 사람의 능력은 모두 유용한 가용자원이 됩니다.

이런 말을 들으면, 선천적인 장애인에게도 무한 능력의 철학이 적용되느냐고 반문할 수 있습니다. 물론, 건강한 사람에 비해서는 상당히 제한을 받지만 그동안 이루어진 연구결과에 의하면 인간은 타고난 능력의 5% 정도만 발휘하고 산다고 합니다. 그러므로 장애를 지니고 있거나, 매우 열악한 환경에서 태어난 사람도 그 계발 능력은 무한하다고 볼 수 있습니다.

(2) 무한 성취의 제2철학

모든 인간에게 자기 나름대로 정의한 '행복한 성공'을 이룰 수 있는 무한한 능력이 있다는 것은 자원뿐만이 아니라, 그 자원을 최대한 계발하여 무한 성취를 이루는 방법까지도 찾을 수 있는 능력이 있다는 것을 의미합니다. 물론 이 무한 성취를 이루는 과정은 결코 쉽지 않습니다. 예상했던 위기 또는 전혀 예상치 못한 위기에 직면하기도 하므로 이러한 문제를 지혜롭게 극복할 수 있어야 합니다. 중요한 것은 궁극적으로 무한 성공을 이룰 수 있는 답은 자기 자신에게 있다는 점을 확고하게 인식하여서 주도성을 발휘해야 한다는 것입니다.

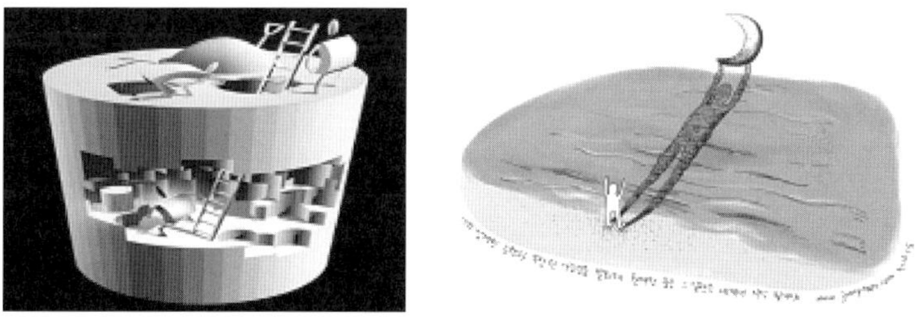

<자원찾기와 실천 주체로서의 나>

왼쪽 그림은 우리 인간은 행복한 성공을 이룰 수 있는 엄청난 자원을 가지고 있는 것을 함축적으로 보여주고 있습니다. 그러므로 우리는 우리 안에 긴 사다리를 내려놓고 깊고, 깊게 파들어가야 하며, 또 삽으로 판 것을 높고 높은 곳으로 올려야 합니다.

오른쪽 그림은 달에 사람의 그림자가 닿아 있는 모습을 보여

주고 있습니다. 인간은 1960년대에 달을 정복했습니다. 우리에게 우리들의 '달'은 얼마든지 있고, 당연히 무한 성취가 가능합니다. 이 무한 성취에 탁월한 코치가 함께 합니다.

(3) 무한 도전의 제3철학

모든 인간은 유한한 삶을 살고 있습니다. 따라서 날마다 무한 도전을 해야 알찬 삶을 영위할 수 있습니다. 이를 위해서는 본인은 물론 주위 사람들의 인정, 지지, 격려가 통합된 지혜로움이 없다면 도전은커녕, 쉽게 포기하거나 절망하기 쉽습니다.

코칭의 세 가지 철학은 서로 밀접하게 관련되어 있습니다. 이미 코칭의 강점과 의의에서, 일류 리더는 다른 사람이 지니고 있는 지혜를 적극적으로 활용하는 사람이라고 하였습니다. 이렇게 보면 코칭의 제1철학과 제2철학에 근거하여 삶을 영위하는 사람은 일류 리더의 대열에 들어섰다고 할 수 있습니다. 그렇습니다. 무한 성취를 위한 궁극적인 답이 어디에 있는지를 아는 사람은 무한 성취를 이루기가 쉬운데 왜냐하면 그 답이 자기 자신에게 있다는 것을 알면 주도적으로 나서기가 더욱 쉽기 때문입니다.

그런데 동서고금을 통해 소중하고, 의미 있는 공헌은 스스로의 힘만으로는 역부족일 때가 많았습니다. 무한 성취를 이루는 무한 도전에는 여러 사람의 협력이 필요합니다. 이때 사랑과 지혜의 코칭기술을 가진 코치가 동행한다면, 행복한 성공은 보다 쉽고, 빠르게 이루어질 수 있을 것입니다.

이렇게 보면, 코칭의 철학을 바탕으로 한 코칭의 실제에서 매우 중요한 것은 적절한 때에, 유능한 코치의 도움을 받는다는 것입니다. 물론 이러한 코치를 찾는 것도, 또한 자기 자신이 코치가 되어 자신을 이끄는 능력 및 그 답도 자기 자신에게 있습니다.

3) 한국코치협회가 제시한 코칭철학

한국코치협회는 전문코치들의 역량과 권익의 향상 및 코칭을 통한 사회공헌을 성취하기 위해 세 가지 코칭철학을 제시했습니다. 이 코칭철학에서의 기본 가정은 고객은 사생활 및 직업생활에 있어 그 누구보다도 자신을 잘 알고 있는 '전문가'라는 것입니다.

〈표 5-4 한국코치협회가 제시한 코칭철학〉

모든 사람은 창의적입니다.
모든 사람은 완전성을 추구하고자 하는 욕구가 있습니다.
모든 사람은 누구나 내면에 자신의 문제를 스스로 해결할 수 있는 자원을 가지고 있습니다.

알다시피 이 세상에 태어난 사람은 그 누구도 같지 않습니다. 일란성 쌍생아라도 타고난 기질과 능력에 차이가 있습니다. 동시에 어떤 특정한 사람을 모델링하여 닮고자 하는 경우를 제외하고, 거의 대부분의 사람들은 차이가 나는 자신만의 독특한 삶을 추구하고자 하는 본능이 있습니다. 한국코치협회의 코칭철학은 이러한 특징에 주목한 것으로 보입니다.

한편 인간의 욕구 5단계설을 제시한 매슬로(Maslow)의 이론에 의하면, 모든 사람은 자기완성에의 욕구, 즉 자아실현의 욕구가 있다고 보고 있습니다. 이러한 욕구는 혼자 힘으로 이루기가 어렵기 때문에 가깝게는 가족과 선생님의 도움이 필요하고, 오늘날과 같이 복잡한 현대사회에서는 동기부여 전문가 또는 인간계발전문가의 탁월한 지지가 필요합니다. 물론 이러한 지지가 소기의 효과를 거두기 위해서는 자기 자신의 역량에 대한 믿음이 전제되어야 합니다.

4) 코칭철학에 내재한 인간관

철학은 삶의 초석이자 지향하고자 하는 방향타가 된다고 볼 때, 코칭철학에는 당연히 인간관에 대한 가치가 배어 있습니다.

아무리 사회가 변해도 변화하지 않는 원칙 중심의 가치가 동서고금을 막론하고 존재하지만, 사회는 점점 복잡 다양하게 변화하므로 인간의 가치관도 변화하는 양상을 띠게 되며, 동시에 인간관계의 형성과 유지도 다른 모습으로 나타나게 됩니다. 그래서 인간학을 연구하는 전문가들은 이러한 양상을 전통적인 접근과 현대적인 접근으로 나누어 그 변화의 기제를 설명하고자 합니다. 그 목적은 두 말할 나위 없이 인간의 행복을 위해 효과적인 방법을 찾는 것입니다.

한편 코칭은 새로운 인간관계기술로 보고 있으므로 현대적인 접근에 해당하며 코칭이 아닌 인간관계기술은 전통적인 관계방식으로 보는 경향이 농후합니다.

<표 5-5 전통적인 관계 접근과 새로운 코칭접근의 요약>

전통적인 관계 접근	새로운 코칭접근
특정한 사람이 행복한 성공을 이룸	모든 사람이 행복한 성공을 이룰 수 있음
X이론 중심의 인간관	Y이론 중심의 인간관
Help식 도움 제공	Support식 도움 제공
지배와 종속적 관계	협력의 파트너 관계
지시–명령형 대화	경청–질문의 대화
고립조직 / 세로형 조직	링크(Link) 조직 / 가로형 조직
결정한 만큼의 목표 달성과 종료	창의적 성과의 창출과 지속

COACHING BOX 5-1

코칭철학에 기반하여 시각을 전환시키는 코칭대화

코칭의 목표는 새로운 재능과 새로운 방법을 발견해 냄으로써 효과적으로 달성되는데, 이 새로운 방법은 일상의 아주 작은 것으로부터 시작됩니다. 이것은 코칭의 핵심으로서 코칭의 철학에 바탕을 두고 이루어집니다.

〈발표회 시간〉

영희는 자신이 독창할 시간이 다가오자, 갑자기 안 하겠다고 울상입니다.

엄마 영희야. 네가 할 차례가 곧 돌아와. 두 친구가 끝나면 네 차례야.
영희 나 안 할래. 안 할 거야.
엄마 영희는 독창을 잘하는 아이야. 영희가 말했잖아? 엄마는 기억하고 있어. "엄마, 영희는 노래를 참 잘 불러요. 그렇지요?"라고 말했던 것을….
영희 그때는 그랬는데, 지금은 아니야, 싫어요.
엄마 영희는 노래 부르는 것을 좋아하니?
영희 응, 엄마.
엄마 그래서 영희는 발표회 때 독창을 하겠다고 선생님께 말씀드렸지?
영희 응, 엄마. 그랬어… 그랬어요.
엄마 그때, 선생님이 뭐라고 말씀하셨어?
영희 영희는 정말 노래를 잘 부른다고 하셨어요.
엄마 영희는 이번 발표회 때 노래를 잘 부르려고 열심히 연습한 것을 엄마는 알아.
영희 응, 엄마. 그랬어요. 그래도 잘 못할 것 같아요. 싫어 안 할래….
엄마 발표할 때는 누구나 조금은 떨려, 네가 발표무대에 갈 수 있도록 엄마가 지금 무엇을 도와줄까?
영희 몰라, 난 절대 안 할 거야.
엄마 누구를 보고 하면 덜 떨릴까?
영희 아무도 안 볼래…. 안 할 거야….
엄마 그래? 네가 독창을 하지 않으면 축하받을 기회를 놓치게 돼. 전에 꽃다발과 상장을 받았지. 오늘도 엄마는 꽃다발을 가지고 왔잖아. 봐 이 꽃! 엄마는 이 꽃을 네게 주고 싶어. 저 단상에서… 영희가 독창을 하면, 엄마는 영희만 볼 거야.

이 코칭 사례에서 시각의 전환을 일으킨 엄마 코치의 대화는 무엇입니까?
→ 그것은 영희가 독창을 하지 않으면, 축하를 받을 기회를 놓친다는 것입니다.

행복한 성공을 향해 길 떠나는 마차

철학자들은 인간은 만물의 영장으로 창조되었다고 말하며,
또한 우주만물이 모두 '내 안에 있다'고 말합니다.
이렇게 보면 인간은 참으로 대단한 존재입니다.

〈여러분이 대단한 존재라는 것을 언제 느낍니까?〉
우선순위대로 세 가지를 써 봅니다.

1.

2.

3.

나 자신을 진정 사랑하면, 점점 더 '좋아지는 나'를 발견하게 됩니다.

2. 코칭의 원리

우리 모두가 사는 삶의 모습을 보면 전경(前景)과 배경(背景)으로 이루어져 있습니다. 그리고 이 전경은 전경대로, 배경은 배경대로의 의미가 있음을 알 수 있습니다. 더욱 자세히 살펴보면, 전경이 늘 전경으로만 존재하는 것이 아니고, 배경 또한 늘 배경으로만 존재하는 것이 아님도 알게 됩니다.

코칭 이론 역시 때론 전경으로, 때론 배경으로 작용할 수 있습니다만 거의 배경으로 존재하는 경우가 많습니다. 이것은 연구논문에서 이론적 전경이라고 하지 않고, 이론적 배경이라고 표현하는 것과 그 맥락을 같이 합니다.

철학적 배경과 이론적 배경은 모두 사고(思考) 또는 생각이 바탕이 되고 중심이 됩니다. 이렇듯 생각이 중심이 되는 철학과 이론적 배경들이 우리의 모든 삶에서 매우 중요한 것은, 이 이론과 철학에서 행동하는 원리 또는 원칙들을 이끌어 낼 수 있다는 점 때문입니다. 더욱 중요한 것은 이 이끌어 낸 행동 원리에 따라 사람들이 실제적으로 행동하도록 유도한다는 것입니다.

물론 이러한 원리에도 수준 또는 경중(輕重)의 차이가 있을 수 있습니다. 하나는 전제조건이라고 할 만큼 중요한 원리와 다른 하나는 전제조건은 아니지만, 아주 중요한 핵심 원리가 그것입니다. 바로 원리 중의 원리라고 할 수 있는 것입니다.

1) 코칭의 전제

전제(premise)나 전제조건(preconditions)의 사전적 의미는 어떤 상태에서 그 조건을 충족시키지 않으면 더이상 진행되지 않거나, 성립될 수가 없는 어떤 것을 말합니다. 따라서 이 전제와 전제조건의 힘은 막강합니다.

코칭의 역사가 짧기 때문에 코칭의 이론적 및 철학적 기반은 미약합니다. 따라서 코칭의 전제조건이 무엇인가를 분명하게 말하는 것은 어렵습니다. 그럼에도 불구하고, 코칭의 전제를 애써 살펴보는 것은 코칭을 코칭답게 하기 위한 노력으로서 매우 중요합니다.

성공적인 마케팅을 위해 자주 활용하는 방법이 벤치마킹입니다. 코칭의 전제에서도 벤치마킹을 적용해 볼 수 있는데, 그 좋은 예로 NLP코칭에서의 전제를 들 수 있습니다. 먼저 조셉 오코너와 그 동료는 NLP가 코칭을 하는데 안성맞춤인 도구라고 말했으며, 그것은 NLP가 다음 세 가지 영역을 연구하고, 그 결과를 우리들의 삶에 적용시키도록 전달해 주기 때문이라는 것입니다.

- 신경학 – 우리 마음과 사고방식에 관한 이해
- 언어학 – 언어를 어떻게 사용하고 말이 우리에게 미치는 영향
- 프로그래밍 – 목표를 성취함에 따른 행동의 과정

나아가 이 NLP코칭을 하기 위한 아홉 가지 전제조건을 제시하였습니다.

COACHING BOX 5-2

NLP 시각에서 본 코칭의 전제조건

코칭의 윤리와 기준은 코칭의 전제조건을 기반으로 만들어지므로 코치는 코칭을 할 때 이를 수용해야 합니다. 다음은 NLP 시각에서 본 코칭의 전제조건들인데, 이것은 NLP의 전제에 그 바탕을 두고 있습니다.

- 실패는 없다. 단지 피드백이 있을 뿐이다. → 실패는 단지 단기간의 결과에 대한 판단일 뿐이다. 코치이는 절대 실패하지 않는다.
- 만일 무엇을 이해하기를 원한다면 행동을 한다. → 행동이 답이다. 배우는 것은 행동하기 위해서이다.
- 사람은 이미 필요한 자원(리소스, resources)을 모두 가지고 있거나 이끌어 낼 수 있다. → 리소스가 없는 코치이는 없다. 단지 리소스가 부족하다고 생각하는 마음 상태일 뿐이다. 코치이는 그의 깊은 곳에 있는 리소스가 이끌어 내어지기를 기다리고 있다.
- 모든 행동에는 목적이 있다. → 행동은 무턱대고 일어나지 않는다. 코치이는 항상 무엇인가를 이루려고 한다. 그것이 확실히 무엇인지 알지 못해도 말이다.
- 선택할 수 있는 여지가 많은 것은 없는 것보다 낫다. → 코치이에게 그의 가치와 믿음에 따른 좋은 선택 가능성이 주어진다면, 그는 더 좋은 것을 선택할 것이다.
- 사람은 언제나 최선을 다한다. → 어쩌면 더 잘할 수 있을지도 모른다. 그리고 당신은 아마도 더 잘 할 수 있을 것이다.
- 사람은 자신의 현실을 만든다. → 코치이는 자신이 만든 정신적 지도가 사실이라고 여기고 행동한다. 이 정신적 지도는 바깥세상에서 오는 실제의 제약보다도 더 심하게 그의 잠재능력을 제한할 수 있다.
- 코칭은 동등하고, 시너지를 불러일으키는 파트너십이다. → 만일 1+1이 단지 2뿐이라고 한다면, 그것은 당신이 진정한 '더하기'의 힘을 잊고 있기 때문이다.
- 코치이는 스스로 해답을 가지고 있다. → 코치는 질문을 가지고 있다.

출처: NLPia코칭, 246~247쪽.

**이 NLP 코칭의 전제 속에 일반적인 코칭의 철학이 녹아 있습니까?
그것이 무엇입니까?**

2) 코칭 가이딩 원리

코칭의 의미 있는 발전을 선도하는 기관에서는 '코칭 가이딩'이라는 말을 사용하고 있습니다. 가이딩(guiding)의 뜻은 '이끄는, 안내하는'이므로, 코칭 가이딩이란 코칭을 이끄는 것이 됩니다. 그리고 가이딩 원리라고 하면, 그 '이끄는 것'을 이끄는 매우 중요한 무엇이라고 말할 수 있습니다.

'원리'의 사전적 정의는 사물의 근본이 되는 이치 또는 행위의 규범을 말합니다. 그리고 원리와 유사한 '원칙'의 사전적 정의는 어떤 이론이나 행동에서, 일관되게 지켜야 하는 기본적인 규칙이나 법칙을 말합니다. 영어로는 모두 principle로 표기합니다. 이렇게 보면 코칭 가이딩 원리는 코칭을 함에 있어서 일관되게 유지해야 하는, 기초나 바탕이 되는 어떤 것을 말하는 것이 됩니다.

'가이드(guide)' 하면, 무엇이 먼저 떠오릅니까? 그 중에 '여행 가이드'도 있습니까?

아마도 많은 사람들이 여행 가이드를 떠올렸을 것이며, 또한 여행 가이드와 함께 했던 경험도 떠올렸을 것입니다. 낯선 미지의 여행에서 가이드의 역할은 거의 여행의 성패를 좌우합니다. 여행자들이 "여행 가이드가 참 좋았다." 말하면 거의 그 여행은 성공적이었다고 확신해도 좋습니다.

이와 같이 코칭 가이딩 원리는 코칭을 성공적으로 마감할 수 있도록 이끄는 힘입니다. 이 힘은 두 말할 나위 없이 코칭의 철학과 이에 기반한 코칭의 전제에서 나옵니다.

COACHING BOX 5-3

Corporate Coach U가 제안한 코칭 가이딩 원리

코칭교육기업인 Corporate Coach U에서는 효과적인 코칭이 이루어질 수 있도록 아홉 가지 가이딩 원리를 제시하였습니다.

- 사람들은 공통점이 있습니다: 특히 조직에서는 공동의 사명과 공유된 가치를 통해 응집됩니다.
- 사람들은 호기심이 강합니다: 호기심이 강한 조직은 학습속도가 빠르고, 창의성이 높습니다.
- 사람들은 기여합니다: 조직이 개인의 기여를 인정할 때, 각 지위의 리더들은 성장합니다. 사람들은 서로 연결되었을 때 성장합니다. 협력은 사람들의 강점을 강화시키고, 혁신적인 해법을 만들어 내는 통로입니다.
- 사람들은 가치를 추구합니다: 사람들의 말 뒤에 숨은 뜻을 읽을 때, 사람을 중시하는 분위기가 확산됩니다.
- 사람들은 자기 이해에 따라 움직입니다: 사람들이 자기 이해에서 자기 책임으로 전환할 때, 동료와 고객들과의 관계의 질이 향상됩니다.
- 사람들은 자기 인식대로 살아갑니다: 사람들은 자기 필터를 통해 현실을 인식한다는 것을 알면 효과적인 소통이 가능하고, 긍정적인 행동의 기반을 구축할 수 있습니다.
- 사람들은 선택권을 가집니다: 시각을 바꾸면 의식이 확장되고 새로운 선택 기회가 나타납니다.
- 사람들은 스스로 자신의 성실성을 규정합니다: 개인의 성실성은 자신과 조직의 사명, 비전, 가치를 가능한 한 지속적으로 일치시킬 때 나옵니다.

아홉 가지 코칭 가이딩 원리는 코칭의 철학적 배경과 관련되어 있습니까?
그것이 무엇입니까?

행복한 성공을 향해 길 떠나는 마차

이소희는 〈매일 멋진 사람들〉이라는 리더십 프로그램에서 자연원칙과 같은 가치는 멋진 신념으로 내재화할 수 있다고 했습니다.

〈여러분의 삶을 이끄는 원칙은 무엇입니까?〉

우선순위대로 세 가지를 써 봅니다.

1.

2.

3.

원칙 중심의 삶은 행복한 성공을 약속합니다.

Chapter 06

코칭의 영역과 형식

"항구에 정박해 있는
배는 안전하지만,
배는 원래 정박해 있으려고
만들어진 것은 아니다."

- 존 A. 세드 -

이소희 교수는 부모교육을 코칭에 기반하여 '부모코칭' 내용을 대학원 수업에서 진행하였습니다. 수업을 진행할 때 대학원생으로서 부모역할을 하고 있는 학생들이 많이 참여하였습니다. 이때 "아주 나중에 시간이 많이 흘러 세상을 떠날 때 아이에게 어떤 부모로 기억되기를 원합니까?"라는 질문을 이들에게 하곤 하였습니다.

이러한 강력한 코칭 질문은 학생들이 전문가로서 또한 부모로서 삶과 양육의 의미를 생각할 수 있는 계기를 만들었습니다.

이소희 교수의 이러한 코칭을 기반한 부모교육의 시도는 '부모코칭'이라는 새로운 영역의 코칭을 만드는 데 기여하였습니다.

코칭은 다양한 영역에 적용될 수 있습니다. 비즈니즈코칭, 커리어코칭, 라이프코칭 등 다양한 영역이 있습니다. 하지만 그 코칭의 철학과 기본적인 과정은 같은 기반을 가지고 있습니다.

각 영역이 코칭 주제에 따라 그 내용과 형식을 달리하고 있습니다. 좀 더 효과적이고 의미 있는 코칭을 위해 코칭을 다채롭게 살펴보는 것은 중요합니다.

당신은 어떤 코칭 주제를 가지고 있나요?
당신은 어떤 코칭 영역의 코치가 되고 싶습니까?

사람들은 삶을 참 사랑합니다. 자신의 삶을 사랑하는 사람들은 다른 사람의 삶도 매우 소중히 여깁니다. 서로의 삶을 소중히 여기는 사람들은 언제, 어디서나 코칭의 세계에 들어갈 수 있습니다.

1. 코칭의 영역

우리의 삶을 여행에 비유하곤 합니다. 삶이 여행이라면, 우리들은 모두 여행자가 됩니다. 사람들이 어떻게 여행하고 있습니까? 모두가 똑같이 한 방향으로 가서 똑같이 한 방향에서 내립니까? 그리고 그 여행길에서 모두 똑같은 행동을 합니까? 아닙니다.

코칭의 시작에서 살펴본 것처럼 코칭은 KTX와 같은 고속전철보다는 마차에 비유됩니다. 왜냐하면 마차는 최종 목적지가 있다고 해도 비교적 자유스럽게 여기저기를 여행할 수 있습니다만 KTX는 마차에 비해 덜 자유롭기 때문입니다. 그렇습니다. 우리의 삶은 일직선도 아니고, 바둑판처럼 엄격하게 구획된 것도 아닙니다. 마차에 탄 사람처럼 여기저기로 여행합니다.

이렇게 보면 여행자인 우리 모두는 때로는 코치로, 때로는 코치이가 되어 언제 어디서나 코칭대화를 나눌 수 있음을 알게 됩니다. 그렇습니다.

우리의 삶이 마차를 타고 코치이와 코치가 서로 사랑과 지혜의 대화를 나누며, 행복한 성공을 이루는 것이라면, 코칭의 영역은 삶 그 자체인 모든 영역이라고 할 수 있습니다.

1) 코칭 영역의 분류

코칭의 역사는 짧지만, 그 발전 속도는 매우 빠릅니다. 그 결과 코칭의 실제 및 코칭에 관한 연구도 확장 및 심화되고 있는데, 한국코치협회에서는 〈표 6-1〉과 같이 전문코칭 영역과 코칭적 접근 영역으로 구분하고 있습니다. 그러나 이러한 분류도 편의상의 개념입니다. 왜냐하면 어떤 전문코치나 코칭연구자들은 다르게 구분하고 있는 경우도 있기 때문이며, 그래서 더욱 연구가 필요합니다.

〈표 6-1 코칭의 영역〉

전문코칭 영역	코칭적 접근 영역
역량을 갖춘 전문코치가 계약에 의거하여 제공하는 일련의 코칭스킬과 프로세스를 포함하는 코칭서비스이며, 특별한 경우 외에는 유료로 이루어진다. 크게 비즈니스코칭과 라이프코칭으로 대별되며 코칭 비용의 지불 주체에 따라 기업코칭과 일대일코칭으로 구분한다. 기업코칭의 경우 기업 내에 소속된 내부코치와 초빙되는 외부코치로 구분된다.	전문코치가 제공하는 전문코칭 영역이 아닌 영역에서 코칭 철학, 코칭프로세스, 코칭스킬을 활용하여 코치이의 성장을 지원하고 문제해결을 돕는, 즉 코칭접근법에 의한 코칭을 말한다. 따라서 인간이 활동하는 모든 영엑에서 코칭적 접근을 적용하는 것이 가능하다고 보며, 주로 리더코치, 부모코치, 교사코치에 의해 이루어지는 코칭이 해당된다.

출처: 한국코치협회

최근에는 커리어코칭(career coaching)도 전문코칭 영역으로 보고 있습니다. 그것은 전형적인 라이프코칭 및 비즈니스코칭과 유사하면서도 다른 측면이 있기 때문입니다.

이소희는 전문코치의 전문성의 정도와 코칭의 목적 및 대상의 특징에 따라 전문코칭과 일반코칭으로 구분하고 있습니다.

COACHING BOX 6-1

라이프코칭

벤처사업가 출신의 40대 중반 남자를 대상으로 한 일대일의 전문코칭

Q. 오늘은 앞으로 어떤 일을 하는 것이 가장 행복한 인생인지 알아보는데 초점을 맞춰 봅시다. 우선 지난 과거가 고통스럽고 불행하다고 하셨지요. 구체적으로 어떤 점이 그랬습니까?

A. 믿었던 사람들로부터 배신을 당하곤 했습니다. 믿고 모든 것을 맡겼는데. 자존심도 상하고 손해도 많이 입었습니다. 따지고 보면 모두 제 문제입니다. 저는 욕심이 많았으면서도 돈을 다루는 데는 지극히 무책임했습니다. 제가 조금만 신중했더라면 하는 후회가 듭니다. 옛날엔 새로운 일을 찾아 헤맸는데 지금은 그런 것이 너무 피곤하고 힘에 부칩니다. 안정이 필요합니다. 정신없이 부대끼고 적응하고 실패하는 과정들이 지금은 불행하게 느껴집니다.

Q. 혹시 주변에서 고객님의 이상형대로 사는 분이 계신가요?

A. 얼마 전 TV에서 어떤 가수를 보고 참 부럽다는 생각을 했습니다. 노래 부르는 모습도 행복해 보였고, 노래를 듣는 사람들도 즐거워하고. 그래서 참 직업을 잘 선택했구나 하는 생각이 들어서 부럽더군요.

Q. 혹시 고객님은 주변 사람들을 즐겁게 만들었던 경험이 있으신가요?

A. 내가 재미있는 일을 부담 없이 할 때 함께 일하는 사람들도 즐거워하는 것 같습니다. 사람들과 일하면서 즐거운 얘기를 하노라면 재미있는 말을 많이 한다고 합니다.

Q. 최근 즐겁게 하신 일이 무엇이고, 어떤 일을 하면 계속 재미있고 변화도 많을까요?

여러분은 언제, 말하기가 매우 어려웠습니까?
그때 어떤 환경이 조성된다면, 말하기가 편안할 것 같았습니까?

COACHING BOX 6-1 (계속)

A. 남들이 미처 생각하지 못하는 것을 멋지게 보여줄 때 정말 흐뭇하고 보람 있습니다. 그래서 미술공부도 하고 싶고, 아이들에게 도움이 될 만한 교육자료도 만들고 싶습니다.

Q. 그런데 망설이는 이유가 무엇일까요? 어떤 점 때문에 결정을 내리지 못하는 건가요?

A. 솔직히 실패할까 봐 두렵습니다. 처음 해보는 일이고 더구나 혼자 하게 될 것 같아서 결과를 낙관하기 어렵습니다. 경제적인 안정도 생각해야 하는데 딱히 확신도 없고요. 한편으론 같이 일하는 사람들과 인간관계가 또 잘못될까 걱정됩니다.

Q. 좋습니다. 우선 앞으로 할 일에 대한 조건들이 대충 잡혀가는 것 같은데 정리해 볼까요?

A. 첫째, 지금 시작해도 늦지 않고 그 동안의 경험을 잘 활용할 수 있으면 좋겠다는 점, 둘째, 저를 비롯해 주변 사람들이 재미있고 보람 있어야 한다는 점, 셋째, 큰 욕심은 없지만 경제적으로 도움이 되어야 한다는 점, 이 세 가지인 것 같습니다.

Q. 동료들과의 인간관계가 어떤 이유 때문에 깨지는지 말씀해 주십시오.

A. 사람들이 등을 돌리게 되는 건 따지고 보면 제가 과도한 욕심을 부려서지요. 남들을 배려하지 않고 제 고집만 부렸기 때문이기도 하구요. 내 머리와 내 능력만 과신해서 다른 사람들 얘기를 안 들었던 것 같습니다. 결국 욕심과 고집만 줄이면 되지 않을까요?

Q. 욕심과 고집을 어떻게 줄일 것인지 구체적인 실천방법을 생각해 보시기 바랍니다. 이에 대해서는 다음 기회에 코칭대화를 하도록 하지요.

출처: 한국코치협회 자료실(2005. 6)

욕심과 고집을 줄이기 위해 어떤 코칭이 이루어질 수 있을까요?

2) 라이프코칭(Life Coaching)의 이해와 종류

일반적으로 라이프코칭은 삶의 전반에 걸쳐 인간다운 삶을 실현하기 위한 생리적 및 문화적 욕구를 충족시키고, 현재 직면하고 있거나 앞으로 발생할 수 있는 문제를 예방하기 위해 코칭접근법을 사용하는 것을 말합니다. 이렇게 보면 라이프코칭의 범주가 가장 넓다는 것으로 알 수 있습니다. 그러나 코칭의 전문성에 대한 욕구가 점점 강화되면서 코칭은 점점 세분화되기 시작하여 최근에는 비즈니스와 커리어코칭을 제외한 대부분의 코칭은 모두 라이프코칭으로 보기도 합니다. 그래서 전문 라이프코치들도 다른 코칭 영역과의 차별성을 확보하기 위해 자신들의 코칭 영역을 라이프코칭이라고 구체적으로 표기함과 동시에 전문성의 향상과 권익을 도모하기 위해 한국라이프코칭협회(KLCA)를 설립하는 등 활발한 활동을 전개하고 있습니다.

다른 한편, 라이프코칭의 영역이 너무 넓기 때문에 다시 존재코칭, 발달코칭과 관계코칭 등으로 세분화되고 있습니다. 또한 이러한 코칭도 다시 더 구체적으로 세분화되어서 점점 전문화되고 있습니다. 예를 들면 발달단계별 발달코칭이 그것입니다.

<표 6-2 라이프코칭의 세부 분야와 관심 주제>

세부분야	관심 주제	코칭 종류와 대상
존재코칭	삶의 의미와 목적의 발견	비전코칭, 목표코칭
발달코칭	전 생애를 통한 건강한 성장과 발달	유아 → 아동 → 청소년 → 청년 → 중년 → 노년기코칭
관계코칭	인간관계의 조화, 갈등해소	부모코칭, 부부코칭, 가족코칭

(1) 존재코칭의 이해

존재코칭은 삶의 의미를 발견하고, 그 의미대로 살 수 있도록 코칭접근법을 사용하는 것을 말합니다.

일찍이 영국이 낳은 대 문호인 셰익스피어가 "사느냐, 죽느냐 그것이 문제로다"라고 한 것처럼, 산다는 것은 절체절명의 과제입니다. 따라서 존재코칭은 가장 우선적인 코칭 주제라고 할 수 있을 것입니다. 우리나라의 김상용 시인은 다음과 같이 읊었습니다.

남으로 창을 내겠소.
밭이 한참 갈이 괭이로 파고 호미론 풀을 매지요.
구름이 꼬인다 갈리 있소 새 노래는 공으로 들으랴오.
강냉이가 익걸랑 함께 와 자셔도 좋소.
왜 사냐건 웃지요.

이 시인의 '웃지요'는 어떤 의미일까요?

최근 자살이 늘어나고 있는 것은 분명한 자기 정체성과 존재의 의미를 발견하지 못했거나, 목표를 성취하는 과정에서 극심한 좌절을 경험했기 때문입니다. 이렇게 볼 때, 전 생애를 통해서 발달단계를 고려한 존재코칭과 목표코칭이 매우 필요합니다. 최근 들어 청소년기 코칭에서 비전코칭이 주목받는 이유나 중년을 대상으로 멋진 인생 후반을 위한 은퇴코칭이 각광받는 이유도 이러한 맥락에서 파악할 수 있습니다.

> 여러분은 왜 사냐고 물으면 어떤 답을 하시겠습니까?
> 김상용 시인처럼 웃으시겠습니까?

COACHING BOX 6-2

라이프코칭 영역에서의 목표코칭

부모만 자녀를 키우는 것이 아니고, 사회 곳곳에서, 여러 사람이 함께 우리 자녀를 키웁니다. 코칭은 우리 자녀를 함께 잘 키우는 한 방법입니다. 이는 심교준과 이소희가 번역한 책 《부모와 자녀를 사랑으로 묶는 끈》에서 나온 [4년 만의 승리]라는 주제의 코칭의 사례에서 확인할 수 있습니다.

코치 감독님, 사실은 어떻게 되고 싶으신가요?
감독 물론 이기고 싶습니다. 이기게 해주고 싶습니다.
코치 혹시 다음 시합에 이긴다면 어떠실까요?
감독 기쁘겠죠. (*얼굴은 위로 향하고, 눈을 미래의 방향인 오른쪽 위로 향하며 대답했습니다.)
코치 시합에 졌을 때, 감독은 아이들에게 어떻게 대했습니까?
감독 물론 잘 싸웠다고 한 명, 한 명에게 이야기해 줍니다.
코치 아이들은 어떤 반응을 합니까? (*잠시 침묵이 있었습니다).
감독 잘 모르겠습니다.
코치 최근에 시합에 진 후를 기억해 보세요. 감독님 물론 한 명 한 명의 아이들 얼굴이 떠오르시겠죠. 그때의 모습을 생각하면서 아이들 한 명 한 명의 마음 안에 들어가 그 아이의 눈으로 감독님을 보고, 말을 듣고, 몸으로 느껴 보세요. (*금세 감독의 얼굴색이 변하더니 눈이 충혈되고, 목소리를 떨며 이렇게 말했습니다.)
감독 입으로는 잘 싸웠다고 말하면서도 얼굴은 괴로운 표정을 지었어요.
코치 그럼 어떻게 하고 싶습니까?
감독 이기게 해주고 싶습니다.
코치 그렇군요. 이기게 된다면 기분이 어떻겠습니까?
감독 최고일 겁니다. (*들떠서 말했습니다.)
(*그후, 나는 감독에게 아이들 한 명 한 명에게 시합에서 이기면 어떨지, 무엇이 보이는지, 무엇이 들리고, 무엇이 느껴지는지, 승리했을 때 포즈는 어떤 것인지 등을 만들고, 반드시 연습 전과 시합 전에 시키도록 요구했습니다. 한 달 후, 감독에게서 전화가 왔습니다.)
감독 바로 다음 시합에서 1승 하였습니다. 지역대회에서도 3위를 했습니다….

무엇이 이 감독이 이끄는 야구팀에게 승리를 가져오게 했을까요?

(2) 발달코칭의 이해

발달코칭은 인간발달의 각 단계별로 이루어져야 할 발달과업을 잘 성취하도록 코칭접근법을 사용하는 것을 말합니다.

한 여행자가 유명한 관광명소를 방문하여 어르신을 만난 자리에서, "이 고장에서 유명한 인물이 태어났습니까?"라고 물었을 때, 그 어르신은 "앞으로 태어날 아이들이요."라고 말씀하셨다고 합니다. 아이들이 위대한 인물이 되려면 어떻게 자라나야 할까요?

인간발달학에서 발달은 인간이 태어나 죽음에 이르기까지 양적 및 질적인 측면에서 구조나 기능이 건강하고 바람직한 방향으로 변화하여 유지되는 것을 말하며, 태아기 → 영아기 → 유아기 → 아동기 → 청소년기 → 청년기 → 중년기 → 장년기 → 노년기로 구분합니다.

그러므로 발달코칭은 이 모든 인간발달단계에서 다 이루어질 수 있습니다. 혹 영유아처럼 어린 아이는 곤란하지 않을까라고 의문을 가질 수 있습니다만, 아닙니다. 어떠한 발달단계이든지 그 단계의 특성을 고려한 적합한 방법을 사용하면 됩니다. 예를 들어 코칭 환경의 조성에서 핵심 요소인 '온몸 언어'에서 시사하고 있는 바와 같이 코칭은 꼭 말로만 하는 것이 아니며, 보디랭귀지(Body Language)를 사용하여 코칭할 수 있을 뿐만 아니라, 사실상 모든 코칭은 온몸 대화이기 때문입니다. 특별히 발달코칭을 위해서는 인간발달에 대한 소양이 있으면 더욱 효과적으로 코칭할 수 있습니다.

여러분의 관심을 끄는 발달코칭의 단계는 무엇입니까? 그리고 그 주제는 무엇입니까?

COACHING BOX 6-3

존재의 의미를 찾는 라이프코칭

요시다 틴세이는 그의 책《마흔 이후, 인생을 당당하게 만드는 99가지 코칭법》에서 "실제로 '코칭이란 무엇인가?' 또는 '코칭의 효과'에 대해 이것 저것 설명한 책이 산더미처럼 출간되고 있습니다. 그러나 코치인 제가 이런 말씀을 드리는 것이 이상하지만, 사실 그런 현상들은 여러분들에게 아무 상관이 없는 일이 아닐까요? 사실 저에게도 상관없는 일입니다. 중요한 것은 살면서 마주하게 되는 문제를 해결하고 더 행복하게 살아갈 수 있다면, 그 방법이야말로 라이프코칭에서의 무엇이 됐든 어떻습니까? 이 책은 그 점을 강하게 인식해서 썼습니다."라고 쓰고 있습니다.

이 코칭 책은 전형적인 라이프코칭을 다룬 것입니다만, 책 제목은 더 구체적인 영역인 존재코칭의 의의를 분명하게 대변해 준다고 볼 수 있습니다. 그것은 '마흔 살 이후'와 '당당하게'라는 표현에서 찾을 수 있습니다.

- 당신의 돈 문제에 대한 코칭
- 당신의 인간관계에 대한 코칭
- 당신의 시간관리 문제에 대한 코칭
- 당신의 학습 문제에 대한 코칭
- 당신의 건강 문제에 대한 코칭
- 당신의 가족 문제에 대한 코칭
- 당신의 미래 문제에 대한 코칭
- 당신의 유흥(놀이) 문제에 대한 코칭
- 당신의 충족감에 대한 코칭
- 당신의 노후 문제에 대한 코칭

40대가 아니더라도 여러분은 위와 같은 코칭 주제 중에서 어떤 주제의 코칭을 받으면 더 당당하게 살 수 있겠습니까?

(3) 관계코칭의 이해

관계코칭은 두 사람 이상이 윈윈 시너지를 창출할 수 있도록 코칭접근법을 사용하는 것을 말합니다.

"인사(人事)가 만사(萬事)다"라는 말은 우리의 삶에서 사람과의 관계를 어떻게 유지 및 발전시키느냐 하는 것이 곧 만사를 형통케 하는 길이라는 것을 말해 주는, 매우 강력한 메시지입니다.

사실 인간관계는 가족에서 시작해서 가족에서 끝난다고 해도 과언이 아닙니다. 부모-자녀관계, 형제관계, 부부관계 등 모두가 관계입니다. 특별히 가정에서 형성된 초기 관계는 이후 학교 및 직장생활로 연결됩니다. 그러므로 가족관계는 인간관계의 초석이자 핵심입니다.

닉 스틴넷과 낸시 스틴넷은 《환상적인 가족 만들기》라는 책에서, 강한 가족(Strong Family)은 ㉠ 헌신, ㉡ 감사와 애정, ㉢ 긍정적 커뮤니케이션, ㉣ 함께 보냄, ㉤ 영성적 성장, ㉥ 스트레스와 위기에 대한 대처 능력의 여섯 가지 특징이 있다고 하였습니다. 이러한 특성은 예방 가족복지를 위해 우리 모두가 주목해야 할 코칭 주제라고 할 수 있습니다. 즉 이러한 주제에 우리의 가족관계의 현주소를 대입해 보면, 무엇을 해야 할 것인가를 잘 알 수 있을 것입니다.

물론 관계코칭은 라이프코칭의 주제만은 아니며, 비즈니스코칭과 커리어코칭 등의 전문코칭 영역에서도 핵심이 되는 코칭 주제입니다. 다만 대상이 다를 뿐입니다.

여러분의 가족은 Strong Family입니까? Strong Family가 되고 싶다면, 어떤 주제의 코칭이 필요합니까?

COACHING BOX 6-4

온몸 언어를 사용한 영유아기의 발달코칭

• 영아기 코칭의 한 사례를 제시합니다.

영아기의 발달과업	영아기 부모의 코치 역할
신뢰감을 형성한다.	강력한 애착대상
감각 운동능력을 발달시킨다.	발달자극의 제공

- **영아를 코칭할 수 있는 방법을 배우는 효과적인 방법은 영아기의 코칭을 다룬 영상물을 활용하는 것입니다.** : 이러한 영상물은 TV 프로그램에서 육아와 부모역할을 다룬 것에서 찾을 수 있는데, 그 예로 〈우리 아이가 달라졌어요〉를 들 수 있습니다. 중요한 것은 비디오에서는 거의 심각한 행동문제를 다루는 데 비하여, 코칭에서는 예방에 초점을 맞춘다는 것입니다. 따라서 코칭을 할 때, "저러한 상황이 일어나지 않도록 예방하기 위해서 어떻게 할 것인가?" 하는 식의 접근이 필요합니다.

- **영아코칭은 다음과 같이 진행될 수 있습니다.** : TV 프로그램에 등장한 아이처럼 영아기에 떼를 쓰는 행동을 하는 아이들은 상당히 많습니다. 그것은 아직 조망수용능력이 형성되지 않아서 상황이나 타인의 의도 및 감정을 파악하지 못한 인지적인 문제 및 자신의 욕구를 조절하는 자아 기능이 부족하기 때문입니다.
  - 코칭적 방법으로는 일단 아이의 감정의 수위를 낮출 수 있도록 아이의 욕구를 읽어줍니다. (*맥락적 경청 기술이 사용될 수 있습니다.)
  - 아이의 욕구를 채울 수 있는 다른 방법을 생각해 보도록 브레인스토밍합니다. (*발견 질문 기술이 사용될 수 있습니다.)
  - 현재 할 수 있는 일과 그렇지 못한 일에 대해 정확한 정보를 제한합니다. (*메시징 기술이 사용될 수 있습니다.)
  - 아이가 스스로 한 가지를 선택해서 행동할 때, 지지합니다. (*인정과 축하기술이 사용될 수 있습니다.)

"유능한 코치가 되기 위해 기술의 학습과 수년간의 경험만은 아니다. 코치이에게 가장 도움이 되는 것은 그들에 대한 헌신의 수준과 정도이다. 궁극적으로 이 헌신은 코칭의 성품에서 나온다." - 데이브 앨리스 -

3) 비즈니스코칭(Business Coaching)의 이해와 종류

비즈니스코칭은 주로 기업 조직 내 인간관계 향상과 개선 및 성과(performance) 향상과 개선을 위해 코칭접근법을 사용하는 것을 말합니다. 실제 이 비즈니스코칭은 라이프코칭보다 훨씬 더 활성화되어 있는데, 그것은 코칭 후 효과가 매우 쉽고, 빠르게 나타나기 때문이며, 무엇보다도 이러한 성과는 이익추구를 일차적인 목적으로 하는 기업의 목표와 일치하기 때문입니다.

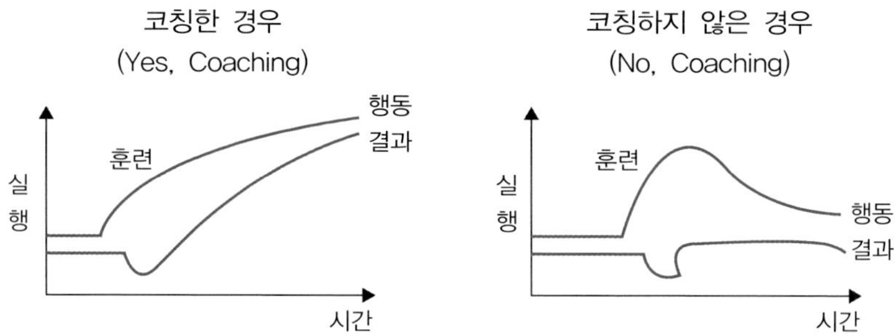

〈코칭의 효과〉

이 비즈니스코칭은 직원을 대상으로 하는 팀코칭(Team Coaching)과 임원을 중심으로 하는 임원코칭(Executive Coaching)으로 대별하고 있습니다. 이렇게 임원과 팀원이 함께 코칭을 받는 것은 윈윈 시너지를 창출하기 위해서입니다.

〈표 6-3 비즈니스코칭의 세부 분야와 관심 주제〉

세부 분야	관심 주제	코칭 종류
팀(리더)코칭	최강팀을 위한 팀발달코칭	리더십코칭, 프로젝트코칭
임원코칭	경영성과 제고를 위한 리더십코칭	리더십코칭, 조직변화코칭, 전략코칭

COACHING BOX 6-5

Oh, No-Oh, Yes를 사용한 관계코칭

유아교육기관은 저출산으로 인해 경영상의 위기에 직면하여 스트레스를 겪고 있으므로 원장과 교사와의 건강한 관계 유지가 중요한 문제로 떠오르고 있습니다.

〈Oh, No 사례〉

교사 원장님, 문제가 생겼어요.
원장 또 무슨 문제예요? 도무지 마음 놓고 일을 할 수가 없어.
교사 견학갈 곳에서 우리가 그 장소를 사용할 수 없다고 연락왔어요.
원장 이전에 모두 조사가 끝난 상태라고 나에게 보고했잖아요. 도대체 잘하는 게 뭐 있어요? 늘 문젯거리를 만들잖아요!
교사 네, 그때 확인할 때는 된다고 했었거든요.
원장 그럼, 빨리 다른 곳을 알아봐야죠, 날짜도 얼마 안 남았잖아요. 이런 문제는 나한테 보고하기 전에 미리 알아봤어야 하잖아요. 나원 참.
교사 아, 네. 그럼, 제가 알아볼까요?
원장 그걸 말이라고 해요? 그런데 또 제대로 못하는 것 아녜요? 아니 그냥 두세요, 내가 하는 것이 속이 편하겠어요.
교사 네, 알겠습니다. 죄송합니다.

〈Oh, Yes 사례〉

교사 원장님, 문제가 생겼어요.
원장 무슨 일이죠?
교사 견학갈 곳에서 우리가 그 장소를 사용할 수 없다고 연락왔어요.
원장 당황스럽군요. 그렇게 된 이유가 뭔가요?
교사 그쪽에서 다른 행사와 겹치는 것을 확인하지 못했나 봐요.
원장 누구나 실수가 있는 법이죠. 시급한 것이 무엇인가요?
교사 네, 먼저 장소를 알아봐야 하고, 가정통신문을 다시 내보내야 할 것 같아요.
원장 그래요, 언제까지 그리고 누가 그 일을 할 수 있을까요?
교사 제가 알아보고, 퇴근 전까지 보고 드릴게요. 심려를 끼쳐서 죄송합니다.

원장과 교사의 대화를 보고 어떤 생각이 드십니까?
이 코칭대화를 여러분 삶 어디에 적용할 수 있겠습니까?

(1) 팀코칭의 이해

팀코칭은 팀의 목표를 효과적으로 달성할 수 있도록 코칭접근법을 사용하는 것을 말합니다.

최근 들어서 '팀 빌딩(Team Building)', '팀장 리더십', '중간관리자 리더십' 등에 대한 관심이 높아지고 있습니다. 이것은 팀이 높은 성과를 올리기 위해서는 팀의 변화가 절실하다는 것을 공감하고 있기 때문일 것입니다. 《성공하는 사람들을 위한 8번째 습관》을 쓴 스티븐 코비는 "역사상 가장 위대하고 감동적인 등정 기록은 개인이 아니라 팀에서 나온다. 서로에게 헌신하고, 끝까지 비전을 공유하는 단합되고, 재능있고, 준비된 팀만이 기록을 세울 수 있다."고 했으며, 또 《마법의 코칭》을 쓴 에노모토 히데타케도 부하의 능력을 열두 배 키워주기 위해서는 마법의 코칭을 해야 한다고 주장했습니다.

어떤 코칭일까요? 그것은 단답형의 폐쇄적 질문보다 열린 질문, 확대 질문, 발견 질문 등을 하는 것입니다.

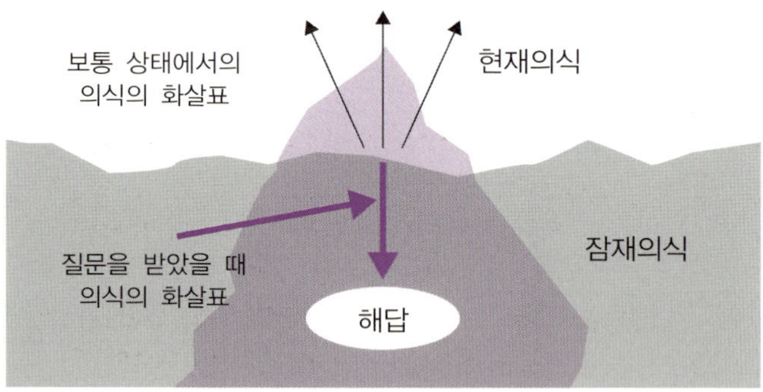

〈질문의 위치와 해답〉

COACHING BOX 6-6

위대한 기업을 향한 코칭리더십

저명한 경영전문가인 짐 콜린스(Jim C. Collins)와 그의 동료들은 《경영전략》에서 위대한 기업의 조건 여덟 가지를 제시하면서, 기업의 위대함을 구축하는 것은 기업의 최고 책임자 손에 달려 있다 해도 과언이 아니라고 하였습니다.

이를 위한 효과적인 방법으로 크게 두 가지를 제시하였습니다. 하나는 앞서 언급한 가로형 조직에서처럼 원 투 원 커뮤니케이션을 함과 동시에 팀이 최고의 성과를 올릴 수 있도록 팀장과 팀원에게 권한을 위임하는 것입니다. 그리고 다른 하나는 최고경영자가 코칭리더십을 발휘하는 것입니다.

이렇게 볼 때 위대한 기업이 되기 위해서는 팀코칭과 마찬가지로 임원코칭, 곧 포괄적인 경영코칭이 매우 필요합니다.

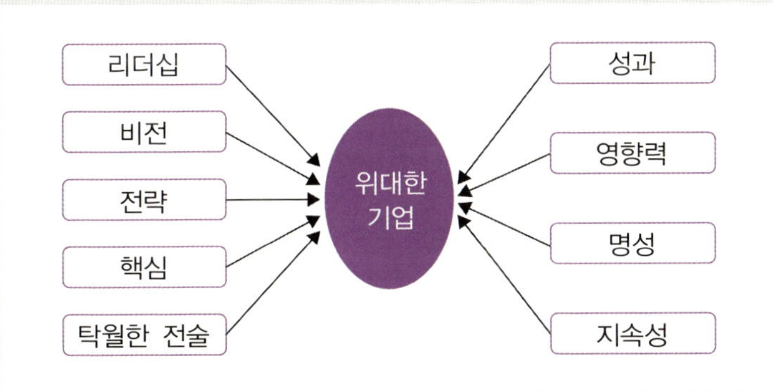

〈위대한 기업의 조건〉

위대한 기업의 조건을 여러분의 삶에 적용한다면, 어떤 조건의 코칭에 관심이 갑니까? 그 조건을 충족하기 위해 여러분이 준비해야 할 것은 무엇입니까?

(2) 임원코칭의 이해

임원코칭은 기업의 목적을 이루기 위해 설정한 목표를 효과적으로 달성할 수 있도록 코칭접근법을 사용하는 것을 말합니다. 《위대한 승리》를 쓴 잭 웰치는 "모든 리더들은 코칭스킬을 필수적으로 배워야 한다."고 하였습니다. CMOE Korea에서도 핵심 인재 육성의 키워드는 임원코칭으로 보았습니다. 비즈니스코칭이 발달된 미국에서는 일류기업의 조건이 경영자 코칭의 활용 여부를 들고 있습니다. 그것은 경영환경이 급변하고 시장의 욕구(needs)가 더욱 까다로워지는 상황에서 효율적으로 대처하고, 효과적인 전략으로 조직을 이끌어 갈 리더의 육성이 필요하다고 보았기 때문입니다. 이에 따라 상당수의 기업에서는 임원코칭을 실시하고 있으며, 이러한 효과를 본 임원은 전사적으로 기업 내에 코칭을 도입하고 있습니다. 이에 코칭기업에서는 다양한 임원코칭 프로그램을 개발하여 마케팅에 나서고 있습니다. 특별히 임원코칭의 경우, 임원의 역할 비중으로 볼 때, 일대일의 코칭방식으로 고액의 코칭비로 이루어지는 경우가 많으며 그 성과를 ROI(Return On Investment)로 제시하고 있습니다.

〈표 6-4 조직개발 방법에 대한 기업의 ROI〉

구분	ROI	비고
전통적인 교육훈련	380%	조직개발 프로젝트 수행 방법론
컨설팅	1,000%	
비즈니스코칭	682%	
임원코칭	1,820%	

출처: CMOE Korea 리플렛.

COACHING BOX 6-7

리더코치에 의한 비즈니스코칭

마케팅부 박 부장이 부하직원인 김 과장을 코칭한 내용입니다.

Q. 중요한 일이 무척 많다고 했는데 현재 근무하는 여건은 어떤가? 혹시 도와줄 만한 일이 있나?

A. 사실 손이 무척 모자라는 게 사실입니다. 하지만 그동안 팀워크를 맞춰왔던 요원들과 이대로 진행하는 것이 오히려 편합니다. 새로 사람이 들어오면 그걸 챙기는데 시간이 더 많이 소요됩니다. 지금은 오히려 다른 부서에서 진행되고 있는 여러 가지 프로젝트들과 보조를 맞추는 것이 큰 숙제인데 그런 일을 담당하는 조직이 없더군요. 직접 하려니까 시간 소모가 큽니다.

Q. 우리 부서에서 진행하는 프로젝트를 자네 팀에 맞게 정리해 주지 못하고 있네. 해결책이 없을까?

A. 그렇다고 어느 한 부서에서 다 맡기는 어렵지 않겠습니까? 전사적으로 프로젝트 상황실을 조직하면 좋겠지만, 사실 제가 그 일까지 책임 맡기는 부담스럽습니다.

Q. 누구나 그렇겠지. 십시일반으로 하는 방법을 찾아보면 어떨까?

A. 연석회의로 정보교류를 시작하고, 각자 필요한 자료를 주고받는 실리 위주의 시스템을 만들면 좋겠습니다. 사내 서버에 사이버 자료실을 만들고 회의록도 돌아가면서 작성하지요.

Q. 그것 좋겠군. 나도 형식적인 회의를 별로 좋아하지 않네만, 자네를 회의에 참석하라고 한 이유는 자네의 탁월한 능력과 업적을 본받으려는 후배들이 많기 때문에 생각했던 거야. 자네 입장에서 후배를 만나야 할 이유가 있을지는 모르겠군.

A. 사내에 하도 의례적인 회의가 많다 보니 제가 성급하게 오해한 것 같습니다. 부탁드리고 싶은 것은 마케팅부의 업무회의에 매번 참석하기보다 한 달에 한 번씩 저희 TFT의 진행현황을 설명하는 시간을 마련해 주신다면 준비를 잘 해보겠습니다. 한 달에 한 번이라면 그렇게 부담 없습니다.

Q. 오늘 코칭을 갑자기 하게 됐네만 어떤 느낌이 들었나?

A. 오늘 부장과는 언성을 높이게 될 줄 알았습니다. 그런데 부장께서 저를 위해 코칭을 하시겠다고 하는 바람에 솔직히 말하면 기선을 빼앗겼지요. 회의 참석도 시간이 부족한 제 사정을 이해해 주시니 제가 꼭 해야 할 것은 해야겠다는 생각이 들었습니다.

Q. 사실 처음엔 나도 불쾌했지만 둘 중의 한 사람만 마음을 열 수 있어도 좋은 결과가 생길 거라고 생각했네. 코칭은 상대방에게 마음을 열어놓지 않으면 안 된다네. 솔직히 대답해 주니 고맙군.

출처: 한국코치협회 자료실(2006.5).

3) 커리어코칭(Career Coaching)의 이해와 종류

커리어코칭은 경력관리와 창출에 관해 코칭접근법을 사용하는 것입니다. 이 'career'는 주로 '경력'과 '생애'로 표현합니다. 이 경력은 직업과 관련되기 때문에 비즈니스코칭에 포함되기도 합니다만, 또한 생애라는 관점에서 보면 라이프코칭에 포함되기도 합니다. 따라서 어떠한 관점에 비중을 두느냐에 따라 코칭 영역의 경계를 넘을 수 있습니다.

알다시피 오늘날의 사회는 급변하고 있기 때문에 일생 동안 여러 번 직업 전환이 예측되는 변화와 스트레스 상황에 살고 있습니다. 그래서 오늘날 경력관리는 매우 중요한 과제가 되고 있고, 이에 따라 경력코칭은 급부상하고 있는 코칭 영역의 하나입니다. 특히 WLB(Work Life Balance), 곧 일과 생활의 균형이 필요하다는 사회적 요구와 맞물려 더욱 주목받고 있습니다.

따라서 이러한 경력관리는 성인이 된 후에만 할 것이 아니라, 청소년과 청년 시기부터 준비해야 하는 것으로 인식하고 있습니다. 따라서 커리어코칭에서는 진로코칭과 함께 직·간접적으로 연결되는 학습코칭 등이 매우 의미 있는 주제가 되고 있습니다.

〈표 6-5 커리어코칭의 세부 분야와 관심 주제〉

세부 분야	관심 주제	코칭 종류
경력코칭	경력관리	비전 설정, 강점 계발, 이직, 직업 전환
진로코칭	생애발달적 관점에서 직업지도	적성 찾기와 개발, 비전 설정, 목표 설정

COACHING BOX 6-8

에니어그램 성격 유형에 기초한 리더십코칭

진저 보그다(Ginger Lapid-Bogda)는 《리더십, 성격이 결정한다》에서 탁월한 리더십을 발휘하기 위해 최고경영자는 물론 조직 구성원들이 서로서로의 성격을 파악하여 시너지를 발휘해야 한다고 보고, 에니어그램 리더십 패러다임을 제시하고 있습니다.

<표 6-6 에니어그램 성격 유형별 리더십코칭 방향>

1 유형	리더의 임무는 명확한 목표를 정하고, 최고의 성과를 얻기 위해 다른 사람들을 끊임없이 독려하는 것이다.
2 유형	리더의 임무는 팀원들의 강점과 약점을 평가하고, 조직의 목표 달성과 성공을 위해 사람들을 동기부여하고 격려하는 것이다.
3 유형	리더의 임무는 조직의 목표와 구조를 이해하고, 사람들이 높은 성과를 올릴 수 있도록 환경을 조성하는 것이다.
4 유형	리더의 임무는 사람들에게 의미를 일깨움으로써 탁월하게 일할 수 있는 조직을 만드는 것이다.
5 유형	리더의 임무는 연구 · 숙고 · 계획을 통해 원활한 시스템을 구축하고, 구성원들이 공통의 미션을 달성하기 위해 효과적으로 일하는 조직을 만드는 것이다.
6 유형	리더의 임무는 모든 사람이 문제해결에 자기 스스로가 참여하고 있다고 느낄 수 있는 창의적인 문제해결 환경을 조성함으로써 조직의 문제를 앞장서 해결하는 것이다.
7 유형	리더의 임무는 사람들에게 흥미와 열정을 불러일으키고 혁신적인 사업을 창출해 냄으로써 조직이 새롭고 중요한 비즈니스 기회를 잡을 수 있도록 하는 것이다.
8 유형	리더의 임무는 추진력을 가지고 조직을 이끌고, 능력있고 신뢰할 수 있는 사람들을 적재적소에 배치하여 유능한 사람들이 일을 잘 해나갈 수 있도록 힘을 부여함으로써 조직이 앞으로 나아가도록 하는 것이다.
9 유형	리더의 임무는 명확한 구조와 조화로운 근무환경을 조성하여 공동의 미션을 달성할 수 있도록 지속적으로 돕는 것이다.

나의 성격 특성을 고려할 때, 어떤 성격 유형의 리더를 잘 따를 것 같습니까? 그 이유는 무엇입니까?

COACHING BOX 6-9

학습코칭

코치 어머니, 오늘 어떤 주제로 코칭받기를 원하시나요?
어머니 네. 우리 아이의 학습 습관에 대해 코칭받고 싶어요.
코치 아~ 자녀가 좋은 학습습관을 지녔으면 하는 바람이 있으시군요?
어머니 네, 엄청요! 학교 갔다 와서 공부를 먼저하고, 컴퓨터 하면 좋겠는데…
코치 네~ 어머니께서는 공부를 하고 놀기를 바라시는군요.
어머니 네~ 너무 많이 속상해요. 학교에서 공부하고 왔으므로 피곤한 건 알겠어요. 그런데 컴퓨터 조금만 한다고 해 놓고는 더 피로해져서 그냥 자버리기 일쑤거든요.
코치 대부분의 아이들이 그렇긴 하지요. 어머니께서 아들에게 공부를 하고 난 다음 컴퓨터 하라고 하면 뭐라고 하던가요?
어머니 쳐다보지도 않아요. 컴퓨터 하느라. 그러고는 놀고 공부한다 그러지요.
코치 그런 날이 1주일에 몇 번 정도나 되나요?
어머니 매일 그래요. 매일매일… (휴~)
코치 어머니, 그러면 매일매일 하지 않고, 1주일에 며칠 정도만, 컴퓨터 하고, 공부를 했으면 좋으시겠어요?
어머니 내 마음같아서는 격일로 했으면 좋겠는데, 아들이 수용할지 모르겠네요.
코치 격일이라. 가능성이 있을 것 같다는 좋은 예감이 좀 듭니다. 어머니, 그러면 어떻게 해 보시겠어요?
어머니 그래요? 아이가 들어 줄까요? 반타작이라도 하면 정말 좋겠어요.
코치 그러면 어떻게 대화를 나누어 보시겠어요? 작전이 좀 필요할 것 같다는 생각이 들어요.
어머니 코치님 말씀이 맞아요. 좀 꾀어야겠어요. 내일은 그냥 컴퓨터 하게 하고, 다 하고 나면 다음날이 마침 토요일이니까 약속을 하고, 햄버거나 피자집에 데리고 가서 말을 꺼내 보면 어떨까 해요
코치 우와, 참 좋은 방안을 생각해 내셨네요, 잘 될 것 같은 예감이 저는 드는데요! 어머님은 어떠세요?
어머니 아, 코칭받기를 넘 잘한 것 같아요. 한번 시도해 보겠어요. 그러고 나서 다시 코칭을 받을게요.

출처: 연세대학교 코칭아카데미(2015). 이소희 교수 실습자료.

나의 성격 특성을 고려할 때, 어떤 성격 유형의 리더를 잘 따를 것 같습니까? 그 이유는 무엇입니까?

행복한 성공을 향해 길 떠나는 마차

'change'에서 'g'를 'c'로 바꾸면, 'chance'가 됩니다.
'nowhere'를 'now'와 'here'로 띄어쓰기 하면,
'지금 여기'라는 뜻이 됩니다.

급변하는 사회에서,
기회를 만들기 위해 여러분이 지금 준비해야 할 것은 무엇입니까?

우선 순위대로 세 가지를 써 봅니다.

1.

2.

3.

실패는 없고, 다만 피드백이 있을 뿐입니다.

2. 코칭의 형식

코칭접근법이란 현재 코칭계에서 널리 사용하고 있는 개념으로서 코칭철학과 코칭모델, 코칭프로세스, 코칭기술 등을 총체적으로 활용하여 코칭하는 것을 말하며, 전문코칭과 일반코칭에 모두 적용됩니다.

전문코칭 및 일반코칭의 구분에 상관없이 코칭접근법을 사용할 경우, 코칭의 영역은 매우 넓고 다양한 만큼이나 코칭의 형식도 자유로운 편입니다. 다시 말하면 셀프코칭은 자신과 약속을 스스로 하면 되고, 그 이외의 코칭에서는 코치와 코치이가 합의만 하면 되기 때문입니다. 그래도 코칭의 체계화라는 맥락에서 코칭의 형식을 구조적으로 파악하여 코칭에 임하는 것은 필요합니다.

굳이 형식을 논한다면, 코칭에서 가장 형식적인 것은 전문코치의 자격인증 및 코칭프로그램에 대한 인증제입니다.

〈표 6-7 코칭의 형식〉

구분	내용
코칭의 성격	전문코칭과 일반코칭, 셀프코칭과 피어코칭, 멘토코칭과 코칭슈퍼비전
코칭 대상의 수	일대일 코칭과 집단코칭
코칭장소(공간)	면대면, 전화, 팩스, 이메일, 합의한 모든 장소
코칭의 시간	코치이와 코치가 합의한 모든 시간
코칭 비용	무료와 유료
코치의 활동장소	내부코치와 외부코치

1) 전문코칭과 일반코칭

전문코칭이란 역량을 갖춘 전문코치가 계약에 의거하여 제공하는 일련의 코칭스킬과 과정(프로세스)을 포함하는 코칭을 말합니다. 전문코칭은 대체로 유료로 진행되며, 직업적인 차원에서 코칭을 하는 경우가 대부분입니다.

일반코칭도 대체로 전문코칭교육을 받고, 임상코칭 경험을 쌓은 후, 생활전반에서 코칭접근법을 사용하는 경우를 말합니다. 물론 이때 전문코치 자격을 취득할 수도 있고, 그렇지 않을 수도 있습니다. 일반코칭은 대체로 무료와 유료를 병행하지만, 무료가 더 많은 편이며, 동시에 유료의 경우도 실비로 받는 경우가 많습니다. 전문코칭을 하는 전문코치라고 할지라도 일반코칭을 병행하는 경우도 많습니다. 또 코칭의 주제도 엄격한 영역을 지키는 경우와 그렇지 않는 경우도 있습니다.

① 코칭 대상의 수 – 코칭 대상의 수는 면대면과 텔레의 경우에 따라 조금 차이가 있습니다. 텔레의 경우, 일대일 텔레코칭뿐 아니라 특별한 시스템을 갖추면 다수의 집단코칭이 가능합니다.

② 코칭 장소(공간) – 어떤 장소이든 코치와 코치이가 협의하면 가능하지만, 코칭에 몰두하기 위해 코치이의 직장은 삼갑니다.

③ 코칭의 기간 – 코칭의 주제에 따라 다르며 개략적인 계약을 하고 시작하지만, 상황에 따라 단축 · 연장될 수 있습니다.

④ 코칭 비용 – 유료 코칭의 비용은 계약에 의해 이루어지며, 그야말로 case by case입니다.

⑤ 코치의 활동 장소 – 전문코치로서 특정 기업에 소속되는 내부코치와 프리랜서로 활동하는 경우는 외부코치로 구분됩니다.

2) 셀프코칭과 피어코칭

일반적으로 셀프코칭은 자신과 코칭하는 것으로서 단적으로 표현하면 '자문자답' 하는 것입니다. 그리고 피어코칭(peer coaching)은 영어 표기대로 짝을 이루어 코칭하는 것을 말합니다. 이때 짝은 전문코치끼리도 할 수도 있으며, 비전문코치끼리 코칭의 연습을 위한 목적으로 서로서로 코칭할 수 있습니다.

3) 멘토코칭과 코칭 슈퍼비전

멘토코칭은 멘토링의 개념에 기반하여 코칭접근법을 사용하는 것을 말합니다. 그리고 코칭 슈퍼비전(supervision)은 슈퍼비전을 의뢰한 후배 코치가 코치이를 코칭하는 장면을 선배인 전문코치가 직접 관찰하여 코칭스킬에 대해 피드백, 코멘트하는 식으로 코칭하는 것을 말합니다. 보통 코칭의 세계에서는 이 슈퍼비전이라는 표현과 함께 코치더코치(Coach the Coach)라는 표현을 많이 사용합니다. 물론 이러한 과정에서도 거의 코칭적 접근을 사용하게 되며, 코치더코치의 내용은 코치더코치를 받는 코치의 수준과 상황에 따라 다릅니다.

① 일대일의 코치더코치 – 몇 가지 형태가 있는데, 코치가 고객을 직접 코칭하는 과정에서 코치더코치를 하거나 또는 코칭 장면을 녹화 · 녹음한 다음, 그것을 코치더코치를 하는 코치가 보거나 들으면서, 또는 그 이후에 하게 됩니다.

② 피어코칭 형식의 코치더코치 – 코치 두 명이 파트너가 되어 서로 코칭하는 장면에 대해 코치더코치가 코칭하게 됩니다.

③ 집단코칭 형태의 코치더코치 – 세 명 이상의 코치들이 모여 참가한 한 사람을 돌아가면서 코칭하는 장면에 대해 코칭하게 됩니다.

COACHING BOX 6-10

일반 코칭 사례 : 코칭접근법 활용하기

코칭 훈련을 받은 유치원 원장님에 의해 이루어지는 교사 코칭의 사례

원장 김 선생님, 오늘 일 때문에 많이 놀랐지요?
김 선생 죄송합니다, 원장님. 아이들을 잘 본다고 했는데도 이런 일이 발생해서 뭐라 말씀드려야 할지 모르겠습니다.
원장 그래요, 나도 깜짝 놀랐습니다. 그러니 김 선생님이야 오죽 놀랐겠습니까?
김 선생 아직까지도 뭐가 뭔지 잘 모르겠습니다. 어떻게 제가 처리를 했는지도요.
원장 일단 처리는 잘 하셨어요. 부모님들이 많이 놀라셔서 그 부분에 대해서도 생각을 해봐야 할 것 같습니다. 어떻게 하면 좋을까요?
김 선생 일단 제가 잘못한 일이니까 내일 부모님께 전화 드리고 다시 한번 잘못했다고 말씀드리겠습니다. 원장님께서도 한 번 전화를 해주시기 바랍니다.
원장 물론 그렇게 해야죠. 그건 그렇게 해결하면 좋을 듯 하고. 사실은 요사이 평소 김선생님 모습과 달라 조금 걱정하고 있었어요. 부지런하고 아이들을 잘 챙기고 아주 빈틈이 없었잖아요?
김 선생 예, 저도 요사이 제가 왜 이러는지를 잘 모르겠습니다. 금새 피곤해지고 아침에 일어나는 것도 힘들고요. 몸이 말을 잘 안 듣는 것 같습니다.
원장 그러면 곤란하죠. 몸이 건강해야 일도 즐겁고 잘 할 수 있어요. 언제부터지요?
김 선생 글쎄요. 사실 지난 1년 동안 학교 공부와 유치원 일을 같이 병행하느라 건강에 신경을 못 썼습니다. 하지만 어디가 딱 아픈 것은 아니구요. 저도 이렇게 계속 피곤하고 건강이 안 좋으면 어쩌나 하고 있습니다. 병원에 한 번 가보려고 합니다. 특별히 아픈 곳은 없지만 제가 컨트롤 할 수 없을 정도로 피곤이 밀려오는 것은 한 번 검사를 받아 봐야 할 것 같습니다.
원장 그래요. 김 선생님은 우리 유치원에 중요한 사람이니까요.
김 선생 예, 감사합니다.
원장 검진 결과가 나오면 꼭 얘기해 줘요. 내가 도와줄 일도 있을 테니까요.
김 선생 예, 그렇게 하도록 하겠습니다. 감사합니다.

출처: 숙명여자대학교 대학원 부모코칭프로그램개발과 평가 (2010). 이소희 교수 실습자료.

"우리가 지니고 있는 문제는 그 문제를 발생시킨 방법으로는 해결할 수가 없습니다."
- 아인슈타인 -

COACHING BOX 6-11

고객을 위한 코칭

국제코치연맹이 인증한 마스터코치인 김종명은 〈마스터코치의 코칭레시피〉에서 고객이 중심이 되어야 한다는 것을 강조합니다. 그는 코치가 코칭을 너무 잘 하고 싶은 마음은 오히려 코칭을 망칠 수 있다고 합니다. 그렇기 때문에 코치의 자기관리가 중요하다고 강조합니다.

그는 다음과 같은 항목이 자기관리라고 말하고 있습니다.

- 코치 자신의 의견, 경험, 에고 등을 내려놓는 것
- 일방적으로 조언하거나 충고하지 않는 것
- 코치 자신의 경험과 지식이 옳다는 생각에서 벗어나는 것
- 코칭 자신이 멋있게 보이려는 생각을 내려놓는 것

위 항목들을 보면 코치의 자기관리는 고객이 중심이 되어 고객의 목표 달성을 위하여 코치가 존재한다는 것을 다시 깨닫게 해 준다는 것을 알 수 있습니다.

지금까지 코치로서 어떤 자기관리를 하였나요?
지금까지 한 코치로서 자기관리 중 무엇을 바꾸고 싶은가요?

행복한 성공을 향해 길 떠나는 마차

미국의 휴이트 어소시에이츠의 최고 경영자이자, 코치인 마셜 골드스미스(Marshall Goldsmith)는 코칭 후, 긍정적인 행동 변화가 일어났을 경우에만 코칭에 대한 보수를 받는다고 말했습니다. 이것은 코칭의 전문성을 강조하는 말입니다.

코칭 슈퍼비전에서, 코칭 비용을 기꺼이 지불하려면 코치에게서
어떤 긍정적인 변화가 일어나야 할까요?

세 가지를 선택해 봅니다.

1.

2.

3.

비즈니스코칭의 성과는 의미 있는 수익을 창출해 내는 것입니다.

PART 02
멋진 응원, 코칭하기

"할 수 있고, 할 수 있게 될 것이라고 판단되면,
그 방법은 찾을 수 있습니다."

- 에이브러햄 링컨 -

Chapter **07**

코치되기와 코칭환경의 조성

{거룩한 꿈코치}는 진정한 전문코치로서
살아가게 됩니다.
멋진 리더십을 발휘하게 됩니다.
그러므로 지금, 여기에서 서로 만나
코칭을 배우는 것은 복받은 것입니다.
복(福, Blessing)!

- 프로그램 개발자 : 이소희 -

<로렌조 오일>은 오든 부부가 아들인 로렌조가 앓고 있는 ALD 희귀병을 극복하는 과정을 다룬 유명한 영화입니다. 꾸며낸 이야기가 아닌 실화입니다.

오든 부부는 희귀병을 앓고 있는 아들의 병에 낙담하거나 회피하지 않았습니다. 엄연한 현실을 인식하고, 수용하였으며, 아들의 병을 고치겠다는 목표를 세우고 가능한 모든 방법을 찾아 주도적으로 행동하였습니다. 이 과정에서 아들의 병을 치유할 수 있는 답은 유명한 의사의 전문지식과 기술에만 있는 것이 아니라, 아들 로렌조에 대한 오든 부부의 사랑과 지혜로운 대화와 헌신적인 행동에 있었다는 사실을 확증했습니다.

코칭과 가장 가깝고 짧은 동의어는 '대화'라고 할 수 있습니다. 알다시피 대화는 우리가 숨쉬는 곳이라면 그 어디에서도, 언제라도 이루어질 수 있습니다. 일반적으로 대화라는 것은 말(verbal language)을 통해 이루어지지만, 소위 말하는 몸언어(body language)에 의해서도 엄청난 양과 질의 대화가 이루어집니다. 이와 같이 대화는 대화하기 나름입니다. 이 영화에서, 오든 가족이 나누는 대화는 행복한 성공을 이루는 탁월한 코칭대화의 진면목을 여기저기에서 보여주고 있습니다.

- 코치되기 – 오든 부부는 서로서로에게 코치와 코치이가 되었습니다. 때로는 셀프코치, 피어코치, 멘토코치가 되었습니다.
- 코칭환경 – 오든 부부는 무한한 신뢰 속에서, 긍정적 의도로, 온몸으로 말하며, 친구와 같은 파트너십 관계를 형성하며, 현재 상황에서 분명한 목표를 세우고, 믿고, 나아갔습니다.

일상생활에서, 누가 여러분의 코칭 파트너가 될 수 있습니까?
주로 나누고 싶은 코칭 주제는 무엇입니까?

인간은 환경의 동물이라고 말합니다. 이것은 인간의 성장에서 환경의 중요성을 매우 강조한 것입니다. 마찬가지로 코칭의 효과는 코치의 코칭환경 조성 능력에 크게 영향을 받습니다.

1. 코치되기

각종 운동경기에는 코치가 있습니다. 그 경기종목이 골프나 권투, 마라톤과 같은 1인 경기에서는 물론, 야구와 축구, 배구, 농구처럼 단체경기에도 코치가 있습니다.

운동경기에서 누가 코치가 됩니까? 코치가 되고자 열망을 가진 사람이라면 누구나 될 수 있습니다. 누가 억지로 등떠밀어서 되지 않습니다. 특히 명코치가 되려면 코치로서의 탁월한 역량을 갖추어야 합니다. 그리고 유명한 코치는 높은 보수와 인센티브를 주고 모셔 와야 합니다. 왜냐하면 몸값이 높은 코치는 코치의 정상에 오를 만큼 노력에 노력을 경주한 사람들이기 때문입니다.

유명한 코치를 서로 모셔가려는 이유는 무엇일까요? 그것은 그 코치가 팀을 승리로 이끌 가능성이 매우 높기 때문입니다. 즉 그 코치는 승리할 수 있도록 훈련 및 경기 환경을 조성하고, 사랑과 지혜로 선수들을 코칭하는 연금술사와 같기 때문입니다.

이러한 관점에서 최근 비즈니스코칭의 세계에서도 "당신에게도, 당신의 팀에도 코치가 있습니까?"라고 묻지 않고, "당신의 코치는 누구입니까?"라고 묻는다고 합니다. 그만큼 코치의 역할은 중요하고, 가치가 높습니다.

여러분은 코치가 되고 싶습니까? 무엇을 준비하면 명코치가 될 수 있습니까?

1) 코치이의 욕구와 요구

행복한 성공을 이룬 삶을 살기 위해서는 무엇보다도 개인의 열망과 함께 열심이 필요합니다.

한편 "사람은 사회적 동물이다"는 말처럼 혼자 살기는 어렵습니다. 이는 한자어인 '사람 인(人)'에서도 알 수 있습니다. 즉 누군가와 함께 서로 상호의존함과 동시에 상호지지하면서 살아야 합니다. 그래서 친구를 사귀고, 결혼을 하고, 자녀를 낳고, 학교에 다니고, 직장생활을 하며 사는 것입니다.

최근에는 코치가 삶의 과정에 함께 하고 있습니다. 코치는 축복의 통로가 되는 사람입니다. 즉 코치이로 하여금 주관적-객관적으로 자신을 깊게, 넓게 보도록 사랑과 지혜의 힘을 더해 주기 때문입니다.

코치이들은 언제 코치를 찾을까요? 대체로 다음과 같은 경우에 찾게 됩니다.

- 부부 환경의 변화로 도전과 적응이 필요한 경우
- 자녀 환경의 변화로 도전과 적응이 필요한 경우
- 교육 환경의 변화로 도전과 적응이 필요한 경우
- 직장 환경의 변화로 도전과 적응이 필요한 경우
- 건강 환경의 변화로 적응과 화복이 필요한 경우
- 자기계발과 인성도야를 위한 준비와 도전이 필요한 경우
- 경제수준의 향상을 위한 준비와 도전이 필요한 경우
- 여가와 취미생활을 위한 준비와 적응이 필요한 경우
- 종교생활의 시작과 성숙을 위한 지혜가 필요한 경우

여러분은 어떤 욕구와 문제가 있습니까?
어떻게 그 욕구를 충족하고, 그 문제를 해결하겠습니까?

COACHING BOX 7-1

관찰에 근거한 학습코칭

린다 돕슨(Linda Dobson)은 《러닝코칭》에서 "러닝코칭은 아이의 호기심과 관심사를 이용해 배움에 대한 열망을 끄집어내고 맞춤교육을 설계한다."라고 말하면서, 이 말의 뜻을 이해한다면 코칭과 티칭의 차이를 명확히 알 수 있다고 하였습니다. 그러면서 맞춤교육을 위해 아이의 욕구와 관심사를 찾아 활용하라고 하였습니다.

일단 지켜보는 습관을 들이면 관찰할 사항들이 더 많이 생각날 것이다.

〈이런 것을 관찰하라! – 지금 관찰할 목록들〉

- 자유시간 동안 뭘 하면서 보내나?
- 무엇을 할 때 가장 즐거워하나?
- 어떨 때 지치고 스트레스를 받나?
- 혼자서 공부하기를 좋아하나, 아니면 친구나 형제들과 공부하기를 좋아하나?
- 해야 할 것을 말로 알려줄 때 잘 따르나, 아니면 시범을 보여 줄 때 잘 따르나?
- 공부할 때 조용한 것을 좋아하나, 아니면 여럿이 모여서 북적대는 것을 좋아하나?
- 뭔가를 기억해 내려고 앉아서 집중을 잘하나? 아니면 절대 가만히 있지를 못하나?
- 새로운 것을 배울 때, 시각-청각-촉각 또는 복합 감각 가운데 어떤 감각을 사용해야 가장 잘 습득하나?

〈이런 것들을 관찰하라! – 초기 결정 사항들〉

- 제일 효과적으로 보이는 학습 교재의 형태
- 제일 적당한 학습 환경
- 아이의 동기를 유발하고 아이를 이끌 최적의 방법

아이들에게 무엇을 생각할지보다도 어떻게 생각할지를 가르쳐야 한다.

– 마가렛 미드 –

2) 코치의 역할과 자격

코칭은 거의 코치이의 요구에 따라 코치가 수용하고, 대체로 코칭계약을 체결함으로써 이루어집니다. 특히 전문코칭의 경우는 더욱 그러하며, 코칭의 대가에 대한 수고료를 서로 지불하고 받게 되는 것입니다.

여러분은 언제 대가를 지불하며, 그것을 위해 무엇을 살피고, 선택하게 됩니까? 코치이가 전문코치를 찾을 때는 그에 합당한 코치를 찾게 될 것입니다. 코칭계에서는 다음과 같은 점을 고려하여 코치를 선택하라고 권유합니다.

그러나 비전문가인 코치이의 경우, 다양한 정보를 파악하는 데는 다소 한계가 있습니다. 따라서 자신이 코칭학습과 훈련을 받은 기관을 중심으로 살펴보는 것이 유용한 편입니다.

- 코치로서의 경험은 어느 정도인가? (*지금까지의 고객 수나 코칭시간)
- 코칭교육과 훈련을 어디서 받았는가? (*코칭기관명)
- 어떤 코치자격을 소지하고 있는가?
  (*한국코치협회의 인증자격인가, 국제코칭연맹의 인증자격인가)
- 코치로서의 전문 영역은 무엇인가?
- 코치로서의 성공 사례와 실적은 어떠한가? (*대체로 기업코칭에 적용됨)
- 누구에게 코칭 슈퍼비전을 받았는가?
- 코치 스스로 셀프코칭하고 있는가?

코칭프랜드(Coaching Friend)의 경우는 전문코치보다는 코치이에게 먼저 코칭을 권유할 수도 있습니다. 전문코치이든 코칭프랜드이든 코치의 역할은 다음 세 가지로 요약됩니다.

- 코치이가 달성하려고 하는 목적과 목표를 발견하고, 명확하도록 지지함.
- 코치이 스스로가 해결책이나 전략을 낳도록 지지함.
- 코치이 자신의 선택과 행동에 스스로 책임을 지도록 지지함.

COACHING BOX 7-2

NLP 기법을 활용한 코칭

사람들은 잘 살고 싶지만, 이미 잘못 형성된 습관화된 행동으로 인해 잘 살지 못하는 경우가 많습니다. 그래서 자신의 잘못된 습관을 인식하고 있는 사람들은 끊임없이 개선된 행동을 하려고 노력하지만, 마음처럼 쉽지 않음을 발견하게 됩니다. 그리고 이런 일들이 습관적으로 반복되면 자신을 혐오하기까지 합니다. 이렇게 자신을 자꾸 부정적으로 보게 되면, 자신감을 상실하게 되어서 부정적인 삶의 패턴은 계속 반복되며 더욱 악화됩니다. 따라서 인간 행동의 기저에는 반드시 긍정적인 의도가 있다고 믿고 이 긍정적인 의도를 분석하여 그들이 지닌 강점을 강화하도록 심리적 환경을 조성하여 코칭합니다.

NLPia 코칭프로그램에 코치이의 긍정적 의도 찾기가 있습니다.

- **목적**: 인간 행동의 기저에는 반드시 긍정적인 의도가 있다는 것을 안다.
- **활동**: 2인 1조(Client, Guide)

1. 개선하고 싶은 부정적 행동에 대해서 질문한다.
G - 현재 개선하고 싶은 습관이나 행동들이 있다면 어떤 것입니까?

2. 그 행동을 통하여 무엇을 얻을 수 있는지에 대해 질문한다.
G - 그 행동을 통해 당신은 무엇을 얻고자 합니까?

3. 위 2번과 동일한 내용을 계속 질문하여 긍정적 의도를 발견한다.
G - 그 행동을 함으로써 당신이 얻고자 하는 것은 무엇입니까?

4. 그 의도를 충족시키는 다른 창조적 행동을 발견한다.
G - 그것을 충족시키는 다른 창조적 행동에는 어떤 것이 있습니까?

5. 미래의 상황에서 어떻게 할지 다시 한번 재확인한다.
G - 이후에 현재와 같은 상황이 발생한다면 어떻게 하시겠습니까?

3) 코칭프랜드되기

전문코칭에 대응하는 것으로 일반코칭이 있으며, 전문코치에 대응하는 것으로 코칭프랜드, 또는 코칭펠로우를 들 수 있습니다.

이 코칭펠로우는 코칭의 세계에서 일반화된 용어는 아닙니다만, 권장할 만한 용어입니다. 이 코칭펠로우(coaching fellow)는 일본의 전문코치인 다카하시 아즈코가 '자신 및 다른 사람들의 행복이나 성공을 진심으로 바라며, 코칭대화가 되도록 항상 힘쓰는 사람'으로 정의하였습니다. 그리고 코칭펠로우의 코칭대화에 대해 두 가지 의미를 부여하였습니다. 즉, ㉠ 코칭대화를 시도한다는 것은 상대에게 좀더 많은 것을 기대한다는 것이며, ㉡ 코칭대화에 참가하는 것은 자기 자신에게 좀더 많은 것을 기대한다는 것입니다.

코칭은 파트너십이라고 말합니다. 이소희는 이 점에 착안하여 코칭펠로우와 유사한 맥락에서 코칭프랜드(coaching friend)로 재명명하였습니다. 즉 이 코칭프랜드는 '자신과 주변 사람들의 행복한 성공을 진심으로 바라며, 사랑과 지혜의 대화기술인 코칭을 사용하는 사람'으로 정의하고 있습니다. 알다시피 프랜드는 친구입니다. '친구 따라 강남 간다'는 말이 있듯이, 친구는 상하좌우가 따로 없는 좋은 사람이며, 좋은 파트너입니다. 이렇게 좋은 파트너로서 오랫동안 지내려면, 영원한 친구가 되는 마인드와 기술을 배울 필요가 있습니다. 즉 코칭교육을 받고, 코칭실습을 하는 것입니다. 대체로 이 과정에는 코칭철학과 윤리규정 등이 포함됩니다.

여러분은 누구와 코칭프랜드가 되고 싶습니까? 그의 코칭프랜드가 되기 위해 준비할 것은 무엇입니까?

COACHING BOX 7-3

코칭 마인드

코칭대화는 한 편의 시입니다.

나의 밤 기도는 길고
한 가지 말만 되풀이 한다.
가만히 눈 뜨는 건 믿을 수 없을 만치의 축원.
갓 피어난 빛으로만 속속들이 채워 넘친 환한 영혼의
내 사람아.
쓸쓸히 검은 머리 풀고 누워도
이적지 못 가져 본 너그러운 사랑
너를 위하여 나 살거니
소중한 건 무엇이나 너에게 주마.
이미 준 것은 잊어버리고, 못 다 준 사랑만을 기억하리라
나의 사람아.
눈 내리는 먼 하늘에 달무리 보듯 너를 본다.
오직 너를 위하여
모든 것에 이름이 있고
기쁨이 있단다.
나의 사람아.

- 김 남 조 -

4) 전문코치되기

전문가가 되는 것은 멋진 일입니다. 코칭프랜드를 넘어 전문코치가 되는 것은 코치와 코치이로 하여금 좀더 나은 것을 기대하고, 참여하도록 이끕니다. 그래서 멋진 전문코치에게는 코칭이 일이자, 놀이이며, 삶의 의미가 되는 것입니다.

국제코칭연맹(ICF)은 창립 초기에 11가지 핵심역량을 제정하여 전 세계 코치들과 공유해왔으며, 2020년에 8가지 핵심역량으로 개정을 완료하였습니다. 핵심역량에는 우열이나 선후가 없으며 유능한 코치들이 필수적으로 갖추어야 할 요소들이라고 할 수 있습니다. 이것은 전문코치의 전문성을 담보할 뿐 아니라, 코칭교육에 대한 기대수준과 실제로 경험하는 교육 사이의 간극을 좁히는데 도움이 될 것으로 기대하고 있습니다.

- 윤리적 실천을 보여준다.
- 코칭 마인드셋을 구현한다.
- 합의를 도출하고 유지한다.
- 신뢰와 안전감을 조성한다.
- 프레즌스를 유지한다.
- 적극적으로 경청한다.
- 알아차림을 불러일으킨다.
- 고객의 성장을 촉진한다.

나아가 전문코치들에게 윤리지침을 강조하는 것은 코칭을 통해 삶의 수준을 향상시키고자 하는 의지를 표명한 것입니다(코칭 박스 7-4 참조).

5) 인증코치되기

전문가는 스스로 전문가라고 인정할 뿐 아니라, 아전인수격이 되지 않도록 다른 사람이나 기관에서도 전문가라고 인정해 주는 것이 중요합니다. 그래서 코칭계에서는 인증코치제도를 두어서 명실상부 자타가 공인하는 전문코치로서 코칭하도록 권하는 것입니다.

물론 전문코치로 활동하는데 반드시 인증코치 자격증이 필요하지는 않습니다만, 고객인 코치이의 삶에 의미 있는 전환점이 될 수 있는 기회가 코칭 성과로 나타나므로 전문코치는 스스로 뛰어난 역량을 추구하고 준비하는 것이 필요합니다. 실제로 국제코칭연맹의 코치자격증 역시 국가가 실시하는 자격증이 아닙니다. 연맹이나 협회를 설립하여 실질적인 전문성을 공표하는 과정을 밟도록 지지하고 있습니다. 이러한 관점에서 한국코치협회와 한국코칭학회에서는 코치들이 전문코치자격증을 취득할 것을 적극적으로 권유하고 효과적으로 관리가 될 수 있도록 지원하고 있는 것입니다.

자격취득을 위해 요구되는 전문코치교육은 각 코칭전문교육기관에서 제공하고 있는데, 이중 한국코치협회가 추구하는 코칭철학과 윤리규정에 대하여 일정한 수준을 지킬 수 있다고 보는 코칭프로그램에 대해 ACPK(Accredited Coaching Program in Korea) 인증을 주고 있습니다. 최근에는 여러 학회에서도 코치자격제도를 두고 있습니다.

이와 같이 인증코치는 코칭전문기관 및 연구와 교육기관에서 인증하는 것이므로 영향력을 가집니다. 한편 글로벌 사회에서는 글로벌화된 국제인증이 필요하므로 우리나라에서도 국제공인코치를 획득하기 위해 노력하는 코치들이 증가하고 있습니다.

(1) 한국코치협회 인증코치

한국코치협회는 한국에서 활동하는 코치들의 질적 향상을 도모하고, 권익을 보호하는 모임입니다. 특히 한국코치협회에서는 코칭이 다른 사람의 인생에 결정적인 전환점을 제공할 수 있는 중대한 역할을 하므로 이들의 자질을 함양하고, 올바른 코칭을 보급하기 위해 코치인증제도를 실시하고 있습니다. 한국코치협회의 코치인증은 세 종류(KAC, KPC, KSC)이며, 서류심사, 필기시험, 실기시험을 거칩니다.

인증시험에 지원하는 방식은 크게 두 가지로 구분됩니다.

① ACPK 지원

한국코치협회가 인증하는 프로그램(Accredited Coaching Program in Korea)을 이수한 사람들이 지원하는 방법입니다. 여기서 ACPK는 프로그램이 인증을 받은 것이지, 그 프로그램을 개발한 사람이나 기관 및 관리 기관에 대한 인증이 아닙니다.

〈표 7-1 한국코치협회 인증코치 자격요건(ACPK 지원)〉

코치인증자격	KAC	KPC	KSC
응시원서	별도양식	별도양식	별도양식
교육시간	20시간	60시간	150시간
코칭시간	50시간	200시간(유료 40시간 필수)	800시간(유료 500시간 필수)
멘토코칭받기	–	KAC 취득 후 2개월 이상 5시간	KPC 취득 후 3개월 이상 1년 미만 10시간
1:1 코치더코치받기	–	KAC 취득 후부터 5시간	KPC 취득 후부터 10시간
고객추천서	2인 각 1통(총2통)	2인 각 1통(총2통)	–
코치추천서	2인의 KAC 이상으로부터 각 1통(총 2통)	2인의 KPC 이상으로부터 각 1통(총 2통)	2인의 KSC 이상으로부터 각 1통(총 2통)
	실제 코칭을 관찰 후		
필기시험	실시	실시	에세이 제출
실기시험	실시		
응시료	20만원	30만원	40만원
코치인증자격 기간	3년	5년	5년
코치인증자격연장 주기	3년 후 연장	5년 후 연장	5년 후 연장
자격유지보수교육	30시간/3년	50시간/5년	50시간/5년
의무사항	• KAC는 취득 후 정회원비(20만원) 발생 • 각 코치인증자격 취득 후 자격유지보수교육 필수		

② 포트폴리오 지원

ACPK를 이수하지는 않았으나 한국코치협회가 요구하는 역량과 윤리수준을 갖춘 코치들이 별도로 지원하는 방법입니다.

〈표 7-2 한국코치협회 인증코치 자격요건(포트폴리오 지원)〉

코치인증자격	KAC	KPC	KSC
응시원서	별도양식	별도양식	별도양식
교육시간	20시간	60시간	150시간
코칭시간	50시간	200시간(유료 40시간 필수)	800시간(유료 500시간 필수)
멘토코칭받기	–	KAC 취득 후 3개월 이상 10시간	KPC 취득 후 5개월 이상 1년 미만 15시간
1:1 코치더코치받기	–	KAC 취득 후부터 8시간	KPC 취득 후부터 15시간
고객추천서	2인 각 1통(총2통)	2인 각 1통(총2통)	–
코치추천서	2인의 KAC 이상으로부터 각 1통(총 2통)	2인의 KPC 이상으로부터 각 1통(총 2통)	2인의 KSC 이상으로부터 각 1통(총 2통)
	실제 코칭을 관찰 후		
코칭녹음파일 제출	1개 제출(30분 분량)		2개 제출(각 30분 분량)
필기시험	실시	실시	에세이 제출
실기시험	실시		
응시료	35만원	45만원	60만원
코치인증자격 기간	3년	5년	5년
코치인증자격연장 주기	3년 후 연장	5년 후 연장	5년 후 연장
자격유지보수교육	30시간/3년	50시간/5년	50시간/5년
의무사항	• KAC는 취득 후 정회원비(20만원) 발생 • 각 코치인증자격 취득 후 자격유지보수교육 필수		

(2) ICF 국제코칭연맹 인증코치

국제코칭연맹의 코치인증은 세 종류(ACC, PCC, MCC)이며, 서류심사, 필기시험, 실기시험(녹음파일 제출)을 거칩니다.

인증시험에 지원하는 방식은 크게 세 가지로 구분됩니다.

① ACTP 지원

국제코칭연맹이 인증하는 프로그램(Accredited Coaching Training Program) 전체를 이수한 사람들이 지원하는 방법입니다. 일정시간 이상의 무료, 유료 코칭 실습시간이 전제됩니다.

② ACSTH 지원

ACTP 인증프로그램을 부분 이수한 사람들이 지원하는 방식으로, 정해진 코칭실습시간 외 코칭녹음파일 2개와 대본을 제출해야 합니다.

③ 포트폴리오 지원

코칭교육프로그램을 일정시간 이상 이수하고, 정해진 코칭실습시간 외 코칭녹음파일 1개와 대본을 제출해야 합니다.

COACHING BOX 7-4

한국코치협회의 윤리규정

윤리강령

1. 코치는 개인적인 차원뿐 아니라 공공과 사회의 이익도 우선으로 합니다.
2. 코치는 승승의 원친에 의거하여 개인, 조직, 기관, 단체와 협력합니다.
3. 코치는 지속적인 성장을 위해 학습합니다.
4. 코치는 신의성실성의 원칙에 의거하여 행동합니다.

윤리규칙

제1장 기본윤리

제1조 (사명)

1. 코치는 한국코치협회 윤리규정에 준거하여 행동합니다.
2. 코치는 코칭이 고객의 존재, 삶, 성공 그리고 행복과 연결되어 있음을 인지합니다.
3. 코치는 고객의 잠재력을 극대화하고 최상의 가치를 실현하도록 돕기 위해 부단한 자기성찰과 끊임없이 공부하는 평생학습자(life learner)가 되어야 합니다.
4. 코치는 자신의 전문분야와 삶에 있어서 고객의 롤모델이 되어야 합니다.

제2조 (외국윤리의 준수)

코치는 국제적인 활동을 함에 있어 외국의 코치 윤리규정도 존중하여야 합니다.

제2장 코칭에 관한 윤리

제3조 (코칭 안내 및 홍보)

1. 코치는 코칭에 대한 전반적인 이해나 지지를 해치는 행위는 일절 하지 않습니다.
2. 코치는 코치와 코치단체의 명예와 신용을 해치는 행위를 하지 않습니다.
3. 코치는 고객에게 코칭을 통해 얻을 수 있는 성과에 대해서 의도적으로 과장하거나 축소하는 등의 부당한 주장을 하지 않습니다.

COACHING BOX 7-4 (계속)

4. 코치는 자신의 경력, 실적, 역량, 개발 프로그램 등에 관하여 관대하게 선전하거나 광고하지 않습니다.

제4조 (접근법)

1. 코치는 다양한 코칭접근법(approach)을 존중합니다. 코치는 다른 사람들의 노력이나 공헌을 존중합니다.
2. 코치는 고객이 자신 이외의 코치 또는 다른 접근 방법(심리치료, 컨설팅 등)이 더 유효하다고 판단될 때 고객과 상의하고 변경을 실시하도록 촉구합니다.

제5조 (코칭연구)

1. 코치는 전문적 능력에 근거하여 과학적 기준의 범위 내에서 연구를 실시하고 보고합니다.
2. 코치는 연구를 실시할 때 관계자로부터 허가 또는 동의를 얻은 후 모든 불이익으로부터 참가자가 보호되는 형태로 연구를 실시합니다.
3. 코치는 우리나라의 법률에 준거해 연구합니다.

제3장 직무에 대한 윤리

제6조 (성실의무)

1. 코치는 고객에게 친절하고 최선을 다하여 성실하여야 합니다.
2. 코치는 자신의 능력, 기술, 경험을 정확하게 인식합니다.
3. 코치는 업무에 지장을 주는 개인적인 문제를 인식하도록 노력합니다. 필요할 경우 코칭의 일시 중단 또는 종료가 적절할지 등을 결정하고 고객과 협의합니다.
4. 코치는 고객의 모든 결정을 존중합니다.

제7조 (시작 전 확인)

1. 코치는 최초의 세션 이전에 코칭의 본질, 비밀을 지킬 의무의 범위, 지불조건 및 그 외의 코칭계약 조건을 이해하도록 설명합니다.

COACHING BOX 7-4 (계속)

2. 코치는 고객이 어느 시점에서도 코칭을 종료할 수 있는 권리가 있음을 알립니다.

제8조 (직무)

1. 코치는 고객, 혹은 고객 후보자에게 오해를 부를 우려가 있는 정보전달이나 충고를 하지 않습니다.
2. 코치는 고객과 부적절한 거래 관계를 가지지 않으며 개인적, 직업적, 금전적인 이익을 위해 의도적으로 이용하지 않습니다.
3. 코치는 고객이 고객 스스로나 타인에게 위험을 미칠 의사를 분명히 했을 경우 한국코치협회 윤리위원회에 전달하고 필요한 절차를 취합니다.

제4장 고객에 대한 윤리

제9조 (비밀의 의무)

1. 코치는 법이 요구하는 경우를 제외하고 고객의 정보에 대한 비밀을 지킵니다.
2. 코치는 고객의 이름이나 그 외의 고객 특정 정보를 공개 또는 발표하기 전에 고객의 동의를 얻습니다.
3. 코치는 보수를 지불하는 사람에게 고객 정보를 전하기 전에 고객의 동의를 얻습니다.
4. 코치는 코칭의 시에 관한 모든 작업 기록을 정확하게 작성, 보존, 보관, 파기합니다.

제10조 (이해의 대립)

1. 코치는 자신과 고객의 이해가 대립되지 않게 노력합니다. 만일 이해의 대립이 생기거나 그 우려가 생겼을 경우, 코치는 그것을 고객에게 숨기지 않고 분명히 하며, 고객과 함께 좋은 대처 방법을 찾기 위해 검토합니다.
2. 코치는 코칭 관계를 해치지 않는 범위 내에서 코칭비용을 서비스, 물품 또는 다른 비금전적인 것으로 상호교환(barter)할 수 있습니다.

6) 코칭 퍼실리테이터 되기

코칭 퍼실리테이터(facilitator)는 코칭 프로그램을 교육할 수 있는 강사를 말합니다. 그러니까 전문코치의 선생님격에 해당됩니다. 이러한 강사양성 과정은 코칭 관련 교육기관과 학회 및 협회에서 이루어집니다.

일반적으로 코칭교육은 크게 두 가지로 구분될 수 있습니다. 즉 전문코치양성을 위한 코치전문교육과 기업에서 상사들이 부하직원을 육성하는데 코칭접근법을 활용할 수 있도록 하는 리더-코치교육과정이 있습니다. 코칭 퍼실리테이터가 되기 위해 요구되는 교육은 이 두 가지 교육을 모두 다 포함하고 있습니다.

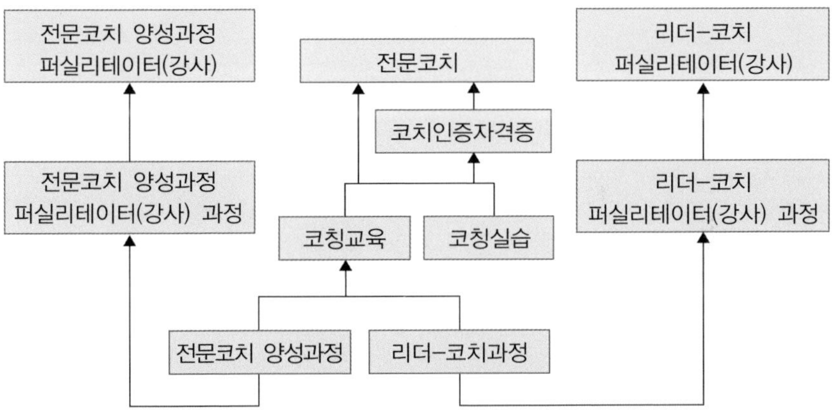

<전문코치 양성과정도>

행복한 성공을 향해 길 떠나는 마차

자동차의 왕 헨리포드는 “할 수 있다고 믿는 사람은 할 수 있고, 할 수 없다고 믿는 사람은 할 수 없다.”고 했습니다.
또 월트 디즈니는 상상은 현실이 된다고도 말했습니다.

전문코치가 되고 싶습니까?
정말 전문코치가 될 수 있다고 믿습니까?

지금까지 될 수 있다고 믿고 이루었던 성과들은 또 다른 성과를 낳는 강력한 자원이 됩니다. 어떤 것이 있습니까?

세 가지를 선택해 봅니다.

1.

2.

3.

크고 작은 성공을 해 본 사람은 더 잘 성공할 수 있습니다.

2. 코칭환경의 조성

코칭은 변화의 과학입니다. 코치들과 코칭 연구자들이 내린 코칭의 정의를 보면, 코칭은 대화를 통해서 원하는 변화를 만들어 내는 과정이라는 것을 알 수 있습니다.

변화했다는 것을 어떻게 알 수 있을까요? 그것은 이전과 이후에 분명한 '차이'가 나야 합니다. 아동교육학자인 미셸 보바는 《1% 똑똑한 아이로 키우는 좋은 엄마》라는 책을 썼는데, 원제목은 《Parents Do Make a Difference》입니다. 즉 부모가 차이를 만들어 낸다는 것이죠. 그리고 책 서문에 "당신의 아이는 언제 어디서나 사랑받는 멋지고 성공적인 성인으로 자라날 것입니다. 바로 당신이 부모니까요!"라고 쓰고 있습니다. 차이를 만들어 내는 멋진 부모! 그렇다면 그 차이는 어디서부터 왔을까요? 부모가 의미 있는 환경을 조성하였기 때문입니다.

코칭에서의 차이는 현재 상태와 미래 목표 사이의 간격이 줄어들고, 원하는 목표를 성취하였다는 것을 의미합니다. 이 목표의 성취가 가능한 것은 코치가 차이를 내는 코칭환경을 조성하면서 코치가 스스로 답을 이끌어 내도록 지지하였기 때문입니다. 이렇게 보면 코치는 멋진 변화의 창조자라고 할 수 있습니다.

여러분 스스로 의미 있는 차이를 만들어 낸 경험이 있습니까? 다른 사람의 도움을 받아 차이를 만들어 낸 경험이 있습니까?

1) 코칭환경과 구성요소

코칭환경의 중요성에 따라 코칭기업과 코칭전문가들은 코칭프로그램과 코칭 관련 책에서 코칭환경과 그 구성요소를 제시하고 있는데, 코칭철학과 마찬가지로 유사성을 보여주고 있습니다.

(1) CCU - CCU의 《코칭클리닉》

제시된 코칭환경의 구성요소는 아래 그림 (a)와 같습니다. 이 코칭환경은 코칭의 발달 초기과정에 제시된 것으로서, 코칭환경의 중요성을 알리고 실제적인 코칭효과를 거두는데 기여하였습니다.

(2) 이희경

이희경이 《코칭입문》에서 제시한 코칭환경의 구성요소는 아래 그림 (b)와 같습니다. 여기에서 코칭은 주어진 환경 속에서 코치와 피코치자가 신뢰를 바탕으로 목표를 향해 나아가는 과정이라고 하였습니다. 그리고 '신뢰'는 코칭의 철학을 함축하고 있는 핵심 개념이라면서, 코치는 피코치자의 가능성을 신뢰함과 동시에 피코치자가 자신의 가능성을 신뢰하는 것은 물론, 코칭을 통해 목표를 이룰 수 있는 믿음을 포함한다고 하였습니다. 여기에서 피코치자는 코치이를 말합니다.

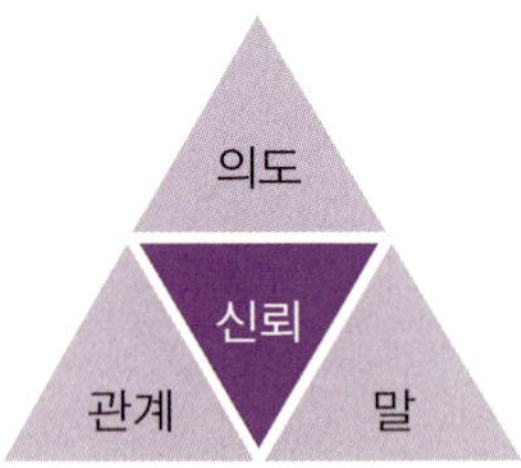

<코칭환경 (a)>

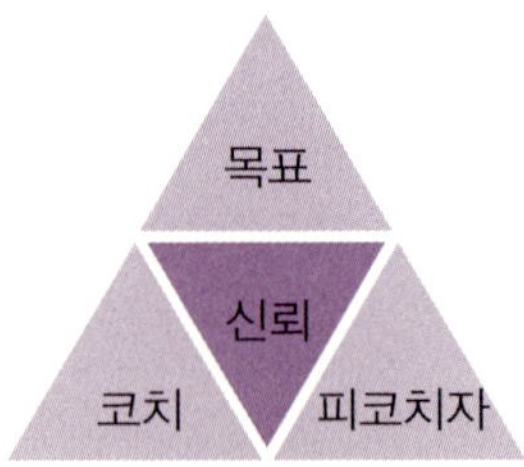

<코칭환경 (b)>

COACHING BOX 7-5

좋은 코치

게리 콜린스는 그의 책 《크리스천 코칭》에서 좋은 코치는 다음과 같은 특성이 있다고 하였습니다. 좋은 코치는 당연히 좋은 코칭환경을 조성합니다.

- 자신의 가치관을 인식하고 있다.
- 조심스럽게 경청하고, 신뢰할 만한 피드백을 해준다.
- 질문을 하고, 각기 다른 방법으로 각 사람의 경험과 욕구를 평가한다.
- 주의가 산만해지는 것을 피하고, 정해진 시간을 지키기 위해 대화의 초점을 잃지 않는다.
- 코치받는 사람이 미래를 계획하고, 자신의 사명을 명확히 하며, 기술을 향상시키고 목표에 도달하도록 도와준다.
- 대화를 독점하거나 자신에 대하여 말하며, 충고하고 싶은 유혹을 자제한다.
- 인식과 책임 그리고 변화를 자극한다.
- 과거가 아니라 현재와 미래에 초점을 맞춘다.
- 신뢰할 만하고, 유용하며, 솔직하고, 성실한 삶에 헌신하고 있다.
- 낙관주의를 격려하고 보여준다.
- 사랑 안에서 진실을 말한다.
- 협력과 훌륭한 의사소통을 목표로 한다.
- 비밀을 지킨다.
- 그 사람의 개인적 영성과 하나님과 동행하는 정도를 신중히 고려하기 위해 대화를 유도한다.
- 항상 배우려 한다.
- 현실적으로 낙관적이다.
- 융통성이 있다.
- 직설적일 만큼 용감하다.
- 진정으로 돌보려는 마음이 있다.
- 진취적이다.

때로 코칭을 통해서 당신이 코치이에게 해 줄 수 있는 가장 큰 선물은 당신이 신뢰할 만한 사람이라는 것을 입증하는 것입니다. 그 신뢰를 저버리면 관계는 회복할 수 없을 정도로 심각하게 손상할 수 있습니다. - 게리콜린스 -

(3) 이소희

이소희는 《지혜의 부모교육》에서 코칭은 코치와 코치이가 파트너십에 의한 신뢰로운 관계에서 코칭언어를 사용하여 코치이가 바라는 목표를 달성하도록 상호 지지하는 역동적인 과정으로 보았습니다. 그리고 이러한 일련의 모든 과정에서 기반이 되는 개념은 '긍정'이라고 보았습니다. 이것은 코치와 코치이가 긍정적 의도를 가지고 코칭에 임하기 때문입니다.

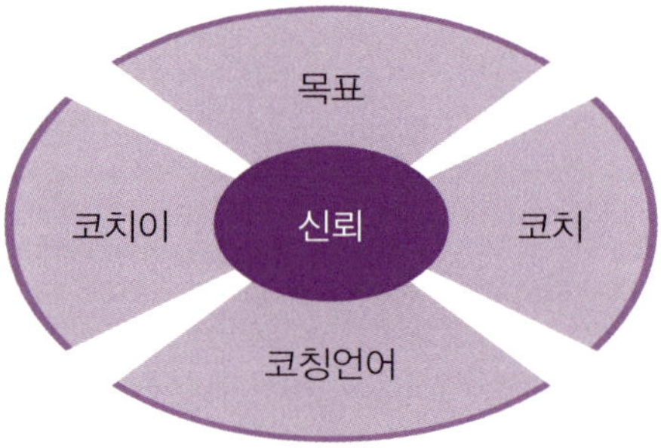

<코칭환경(c)>

긍정적 의도(Positive Intention)는 특히 NLP 이론에서 강조하는 기본적 전제의 하나로서, 모든 인간의 행동기저에는 긍정적인 의도가 있다는 것입니다. 이 긍정적 의도를 코칭환경의 조성에서 고려하는 중요한 이유는 분명합니다.

그것은 겉으로 드러난 코치이의 활동을 보고 코치가 주관적으로 코치이를 파악하는 우를 범해서는 안 되기 때문입니다.

2) 코칭이 가능한 순간

코칭환경은 구조적인 조성으로 끝나는 것이 아니라 기능적이어야 합니다. 이런 차원에서 CCU의 코칭클리닉에서는 코칭이 가능한 순간(coachable moment)을 제시하였습니다. 풀이하면, 코칭과정에서 인식과 행동의 변화를 일으킬 수 있는 새로운 정보를 얻을 수 있는 순간을 말합니다.

이렇게 보면 코치는 코칭이 가능한 순간이 발생할 수 있는 환경을 주도적으로 조성해야 할 뿐만 아니라, 포착할 수 있는 민감성이 필요합니다. 이를 위해서는 코칭 전반에 관한 이론적 지식을 바탕으로 하되, 다양한 코칭기술에 대한 역량이 필요합니다.

대표적으로 콜라보레이션이 바탕이 된 래포형성기술을 들 수 있으며, 이와 관련된 온전한 경청기술을 들 수 있습니다. 다시 말하면 코칭이 가능할 수 있는 환경에서 코치이의 긍정적 의도와 욕구를 빠르게 파악해야 하기 때문입니다.

그 다음, 코치는 코치이에게 의미 있는 질문을 함으로써 생각의 문이 열리도록 합니다. 코칭의 꽃이 질문이라고 했듯이, 이때 의미 있는 질문은 이후 '유레카'를 외칠 수 있도록 지지하는 동력으로 작용합니다.

한편 박정영은 코칭이 가능한 순간을 매우 넓게 보고 있으며, 특히 유료의 비즈니스코칭에서는 매 순간을 코칭의 순간으로 보고 있습니다. 이것은 일상에서 이루어지는 코칭접근법 활용하기 차원을 넘어 지불에 대한 보상원칙이 적용하기 때문입니다.

> 성격을 알면 '진짜 내'가 보입니다.
> 코칭이 가능한 순간을 포착할 수 있습니다.
> - 이송이 외, 에니어그램을 알면 진짜 내가 보인다 -

COACHING BOX 7-6

긍정적인 언어 사용환경

마틴 셀리그만(Martin E. P. Seligman)은 《긍정 심리학》에서 심리학자로서 자신이 왜 '예방'에 관심을 기울이게 되었는가에 대한 이유를 설명하면서, 진정으로 행복한 삶을 살기 위해 어떻게 직장생활을 하고, 부부 및 가정생활을 하며, 아이를 기를 것인가에 대해 쓰고 있습니다.

요약하면 그 핵심은 긍정적인 언어를 사용한다는 것입니다. 이미 코칭의 의의에서 살펴본 바와 같이 코칭의 의의는 예방에 있으며, 이를 위해서는 긍정의 환경을 조성하여야 합니다. 굳이 발생하지 않은 일을 두고 미리 걱정하거나 불안해하기보다는 보다 주도적이고, 도전적으로 나아가는 것이 더 효과적인 삶을 살도록 한다고 보았습니다.

마틴 셀리그만은 일상생활에서 긍정언어를 사용하는 예를 그의 책에서 다음과 같이 제시하고 있습니다.

부모는 자신을 불편하게 하는 것과 아이에게 위험하거나 제한해야 할 상황을 혼동하는 경우가 많다. 가령 내가 라라를 얻고 아빠 노릇을 하던 초기에, 그 애가 내가 마시던 냉차 쪽으로 손을 뻗을 때마다 나는 "안 돼." 하고 고함을 지르곤 했다. 이것은 단지 내가 불편한 상황일 뿐이지, 아이의 행동을 제한해야 할 상황도 아니고 위험한 상황은 더더욱 아니었다. 물컵을 아이의 손이 닿지 않는 곳으로 옮겨 놓기만 하면 될 터였다.

이제 나는 의식적으로 더 좋은 방법을 찾는다. 칼리가 내 가슴에 난 털을 잡아당기려 할 때나 집에서 키우는 거북이를 찌를라치면 "안 돼."라는 말 대신, "살짝 당기렴."이나 "살살 하거라." 하고 부드럽게 타이른다.

나의 마음에는 'No'로 가득 차 있습니까? 'Yes'로 가득 차 있습니까?

행복한 성공을 향해 길 떠나는 마차

마틴 셀리그만의 긍정의 사례는 많은 시사점을 줍니다.
여러분의 일상생활에서 부정적인 말(No)을 긍정적인 말(Yes)로 바꾸어야 할 것은 무엇입니까?

세 가지를 선택해 봅니다.

1.

2.

3.

일단 시도해 보면, 이후부터는 그 실현가능성이 높아집니다.

부정적인 말을 일단 긍정적으로 바꾸어 보기 시작하면,
학습효과가 일어나기 시작합니다.
이후부터는 긍정적인 말의 사용빈도가 높아집니다.

Chapter 08

코칭대화모델과 코칭기술

"서로에게 더 살기 좋은 세상을
만드는 것이 아니라면 우리는 왜 사는가?"
- 조지 엘리엇 -

미켈란젤로는 1475년 이탈리아의 피렌체에서 태어나 14살 때, 조각가 베르토르도 디 조반니의 제자가 되어 열심히 조각 공부를 하기 시작하였고, 1564년 세상을 떠날 때에는 역사적인 조각가, 화가, 시인이 되어 청출어람을 이룬 사람으로 평가받았습니다.

이렇게 미켈란젤로가 위대한 예술가가 될 수 있었던 것은 미켈란젤로는 다른 조각가와는 다른 생각과 방식으로 조각을 하였다는 데에 있습니다. 즉, 미켈란젤로는 제대로 조각을 하려면 인체에 대한 탐구가 그 무엇보다도 필요하다고 여기고 인체해부 공부를 시작하였습니다. 따라서 근대 인체해부는 의학 분야가 아닌, 예술 분야에서 시작되었다고 말하는 사람이 있을 정도입니다.

또한 미켈란젤로는 조각을 할 때, 모형을 만들어서 그것을 본뜨거나, 또는 모형 그 자체에 쇳물을 부어넣는 식으로 하지 않고, 바로 조각도구를 들고 원석을 깨면서 조각하였습니다. 왜냐하면 이미 어떻게 조각해야 할 것인가에 대해 미리 완벽한 그림을 그려서 시작하였기 때문입니다. 그래서 각종 조각도구는 미지에 완성될 조각상 앞에서 춤을 출 수 있었을 것입니다.

이와 같이 코칭에서도 어떻게 코칭할 것인지 그림을 그릴 수 있어야 합니다. 그리고 적절한 코칭모델도 선정할 수 있어야 합니다. 이 미켈란젤로의 조각방식은 코치에게 시사하는 바가 많습니다.

- 코치는 자신의 코칭스타일을 알아야 더 잘 코칭할 수 있습니다.
- 코치는 코치이의 욕구와 의도를 알 수 있어야 더 잘 코칭할 수 있습니다.
- 코치는 코칭을 효과적으로 할 수 있는 코칭도구를 잘 사용할 수 있어야 합니다.

코칭이 강력한 것은 코칭전문가와 코칭기업에서 개발한 다양한 코칭대화모델과 코칭철학에 기반한 각종 대화기술을 효과적으로 사용할 수 있기 때문입니다.

1. 코칭대화모델

'모델(Model)'은 우리의 귀에 익숙한 만큼이나 자주 사용하고 있습니다. 쉬운 예로 여러 가지 전자기기에는 거의 대부분 '모델'이라는 것이 있으며, 이름처럼 고유번호도 가지고 있습니다. 물론 모델에 따라 크기와 모양, 색, 기능 및 값 등에서 차이가 나며, 이 차이들은 고객을 부르는 실제적인 마케팅 전략이 됩니다. 즉 우리들은 다양한 모델 중에서 자신에게 적합한 모델을 구입하여 사용할 뿐 아니라, 만약 AS가 필요할 경우 모델 번호만 말하면 쉽게 그 기기에 대한 AS를 받을 수 있습니다. 또 아파트 모델하우스도 있습니다. 이 모델하우스를 보면 앞으로 그 아파트가 어떻게 지어질 것인가를 미리 볼 수 있으므로 분양 결정도 쉽게 할 수 있습니다.

이렇듯 모델은 사용자로 하여금 최대의 편리성을 제공하여 그 사용목적을 효과적으로 달성하도록 이끕니다.

코칭대화모델도 가시화된 모델에 따라 코칭을 하면 쉽고도 높은 코칭 효과를 볼 수 있다는 점에 그 의의가 있습니다. 다시 말하면 적절한 코칭대화모델의 사용 여부는 코칭의 성패를 좌우할 수도 있습니다.

1) 코칭대화모델의 기본 관점

대부분의 코칭기업과 조직에서는 그들이 개발한 코칭프로그램속에 그들의 고객이 코칭을 통해 원하는 목적을 달성할 수 있도록 돕는 고유한 코칭대화모델을 사용하고 있습니다. 그러므로 다양한 코칭모델이 존재하기 마련입니다. 이 코칭모델은 미켈란젤로가 사용한 도구처럼, 코칭의 목표를 달성하기 위한 도구의 기능을 하므로 몇 가지 공통된 특징을 내재하고 있습니다.

(1) 현재로부터 시작되는 시제

대부분의 코칭대화모델에서는 '현재'와 '미래'를 한눈에 볼 수 있습니다. 쉽게 말하면 두 개의 기둥이 있는데, 이 첫 번째 기둥은 과거로부터 시작하지 않고 현재로부터 시작합니다. 이미 코칭 관련 개념에서 살펴본 것처럼 코칭에서의 이 '현재' 시제는 거의 과거로부터 시작하는 '상담' 및 '치료'와의 사이에서 중요한 차이를 이룹니다.

실제로 평범한 우리들의 과거에 발생된 문제를 관리 · 통제하기는 매우 어렵습니다. 따라서 어제의 잘못된 생각과 행동으로 인한 어려움을 현재 겪고 있다면, 전문상담자와 치료자의 도움을 받아 해결하는 편이 효과적입니다.

이에 반해 코칭은 어제의 경험과 거의 관계없이 오늘 직면하고 있는 상황을 직시하고, 원하는 결과를 성취하고자 코치와 함께 노력하는 과정입니다. 그것은 코칭철학에서 언급되듯이 우리에게는 무한한 잠재능력이 있고, 우리의 소망이나 문제해결의 해답은 우리 자신에게 있지만, 코치의 도움을 받아 더 효과적으로 해결할 수 있다고 보기 때문입니다.

COACHING BOX 8-1

현재로부터 출발하는 코칭대화

NLP 이론에 기반한 코칭기법으로 '모델링(modeling)'이 있습니다. 이 기법을 사용하는 목적은 자신이 되고자 기대하는 바를 효과적으로 이루기 위해서 이미 그러한 목표를 달성한 사람을 모델삼아 본뜨기를 하는 것입니다. 그것은 이미 성공한 사람을 따라가면 시행착오를 줄일 수 있어서 기대목표를 쉽게 달성할 수 있기 때문입니다.

활동 – 2인 1조가 됩니다 – 주변에 있는 사람에게 가이드 코치되기를 부탁합니다.

- 지금, 그다지 뛰어나지 못하지만 또는 해 본 적이 없지만 "더 잘 했으면 좋겠다."라고 생각되는 어떤 것 한 가지를 정하도록 합니다.
  ➡ 가이드 코치 – 현재 잘했으면 좋겠다고 바라는 것은 무엇인가요?

- 더 잘했으면 좋겠다는 그것을 잘하는, 뛰어난 한 사람을 떠올리게 합니다.
  ➡ 가이드 코치 – 주변 사람들 중에 당신이 바라는 것을 정말 잘해서 닮고 싶은 사람은 누구인가요?

- 그 모델이 하는 말과 행동을 지금 떠올려서 바로 눈앞에서 보이는 듯 그리도록 합니다.
  ➡ 가이드 코치 – 당신이 그 모델이 되었다고 생각하고, 그 모델을 당신으로 바꾸시겠어요?

- 이제 당신은 그 모델이 되었습니다. 그 모델이 된 당신은 모델처럼 생각하고 행동하는 것을 선명하게 그리고, 느끼도록 합니다.
  ➡ 가이드 코치 – 그 모델이 된 당신을 보는 느낌이 어떻습니까?

- 그 모델이 마음에 들고, 그 모델처럼 할 수 있다는 자신이 들면, 다시 당신의 원래 모습으로 돌아옵니다.
  ➡ 가이드 코치 – 당신 자신으로 돌아왔습니다. 앞으로 잘 할 수 있을 것 같습니까?

중요한 것은 항상 "이 상황에서 내가 할 수 있는 것이 무엇인가?"라고 진지하게 묻는 것입니다.
– 스티븐 코비 –

(2) 긍정심리학적 관점

코칭은 긍정심리학에 기반한 학문 영역이라고 볼 수 있습니다. 긍정심리학은 인간이 가지고 있는 강점에 초점을 맞추어 행복한 삶을 추구할 수 있도록 한다는 점이, 코칭에서 인간의 잠재력을 발휘하여 그가 원하는 목적지에 도달할 수 있도록 지원한다는 점과 같은 철학에 기반을 두고 있습니다.

그동안의 심리학이 인간이 지니고 있는 문제점에 중심을 두고 이를 해결하여야 한다고 보는 부정적인 시각을 지니고 있다면, 긍정심리학은 인간의 강점을 개발하여 행복한 성장을 할 수 있도록 돕는 것으로 코칭의 시스템을 체계적으로 설명할 수 있습니다.

(3) 자신의 목표 설정

무릇 대부분의 인간은 목적 또는 의미가 이끄는 삶을 살고자 하며, 그 달성을 위해 단기-중기-장기적인 목표를 수립하게 됩니다.

코칭은 이러한 과정에서 활용되고 있는 매우 효과적인 방법이며, 코칭모델 속에서 가시화되고 있습니다. 중요한 것은 코칭에서의 목표는 코치가 세워주는 것이 아니라, 코치이 자신이 스스로 설정하도록 돕는다는 것입니다. 그러므로 코칭은 이미 언급한 컨설팅과 상담 및 치료와는 기본 전제가 다르다고 할 수 있습니다. 다시 말하면 대체로 상담이나 치료에서는 피상담자나 환자가 스스로 당면한 문제를 해결하기가 상당히 어려운 상태임을 감안하여 전문상담가 및 치료자인 의사가 달성해야 하는 목표를 세우고, 강도 높게 이끈다는 것입니다.

이와 같이 코칭에서는 코치이 자신이 기대하고 바라는 목표를 세우는 것이므로, 코칭은 다른 인간관계기술보다도 훨씬 더 자기주도적입니다. 즉 코치이 자신이 자신의 인생이라는 공을 굴리기 때문에 다른 사람이 나의 인생이라는 공을 굴려줄 때보다도 훨씬 쉬운 것입니다. 바로 이 점이 반복해서 말하는 코칭의 강점입니다.

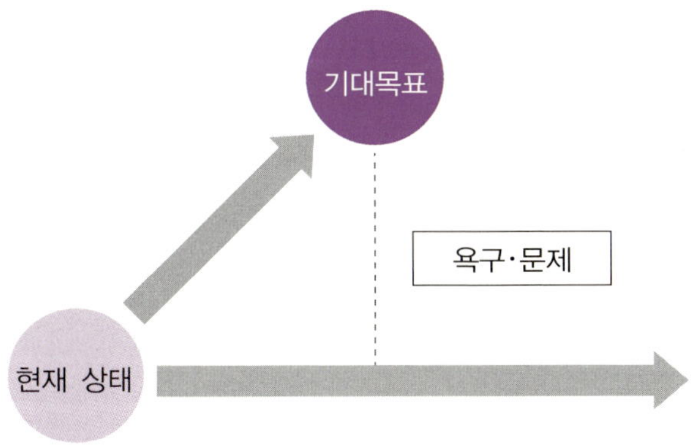

<코칭대화모델의 기본 관점>

COACHING BOX 8-2

목표 설정의 공식: SMART

막연히 “그렇게 되고 싶다.”라는 것만으로는 목표를 달성하기 어렵습니다. 선다 싱 상마(Sundar Singh Sangma)는 《목표를 향해 달려라》에서 “우리는 이미 승자이다. 만약 우리가 바른 목표를 세우고, 계획하고, 반드시 실행한다면 확실히 성공할 것이다. 즉 목표는 미리 결정된 도착지이다.”라고 말했습니다. 그리고 목표 달성공식인 SMART를 도식화하였습니다.

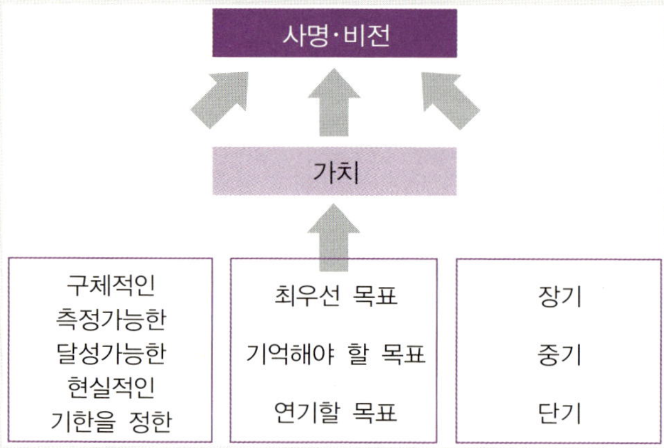

〈목표 공식〉

SMART는 분명하면서도 진정성 있는 언행을 하는 사람을 일컫는 멋있는 말입니다. 목표행동 공식인 SMART의 예는 다음과 같습니다.

- S : Specific – **구체적인**: 나는 매년 수입의 1/10을 아동복지기관에 기부하겠다.
- M : Measurable – **측정가능한**: 나는 매일 아침 7시부터 30분간 운동하겠다.
- A : Attainable – **달성가능한**: 나는 한 달마다 2권의 자기계발서를 읽겠다.
- R : Realistic – **현실적인**: 나는 입학 후, 7년 내에 박사학위를 취득하겠다.
- T : Timely – **기간을 정한**: 나는 한 달 안에 시골에 계신 부모님을 찾아뵙겠다.

위의 예에서 보는 바와 같이 S-M-A-R-T는 서로 밀접하게 관련되어 있다는 것을 알 수 있습니다.

(4) 사명과 비전의 확인

코칭대화모델에서 가시화되는 목표는 뚜렷한 목적이 있을 때보다 더 잘 성취할 수 있습니다. 이 목적은 자신이 추구하는 가치에 따라 설정한 소명 또는 사명 및 비전으로도 볼 수 있으며, 개인은 물론 조직과 기관에도 적용되는 것입니다. 그 의미는 다소 차이가 있습니다. 즉 사명(mission)은 확고하고도 분명한 삶의 목적과 의미를 말하며, 소명(calling)은 절대자로부터 부여받았다고 확신하는 세상에서의 임무를 말하며, 비전(Vision)은 이러한 사명과 소명이 이루어지기를 믿고 그린 분명한 그림을 말합니다.

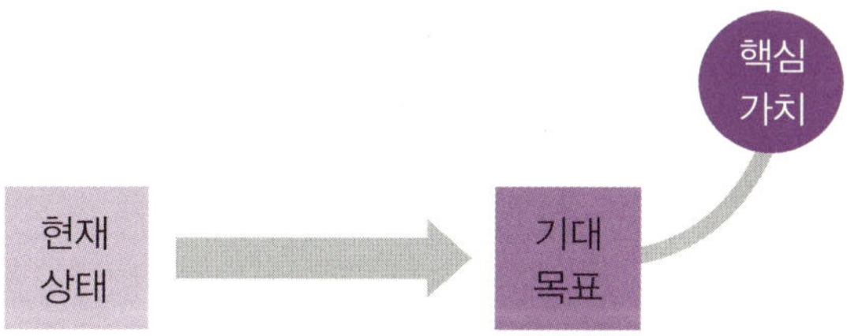

<코칭대화모델의 사명과 비전>

<표 8-1 개인과 조직의 사명-소명-비전의 예시>

구분	이소희	한국영리더십센터
사명 소명	한국의 부모를 코치로 성장시킨다.	영리더는 한국을 위한 변환자다. 한국은 세계를 위한 변환자다.
가치	믿음-소망-사랑	아동은 무한한 잠재력을 지닌 매우 소중한 존재다.
비전	20 : 20	한국영리더십센터는 영리더십 교육에서 한국 최고의 1위 기준을 유지한다.

개인과 조직이 사명과 소명 및 비전을 세운 경우와 그렇지 않은 경우, 어느 조직이 더 행복한 성공을 효과적으로 이룰까요? 사필귀정입니다.

COACHING BOX 8-3

사명과 비전의 영역: Neurological Levels

NLP의 공동창시자인 로버트 딜츠(Robert Diltz)는 신경학적 수준이라는 모델을 창안하였습니다. 이 그림을 보면, '사명과 비전'은 코칭대화모델에서와 같이 유사한 위치에 놓여 있음을 알 수 있습니다. 다시 말하면 사명과 비전이 인간의 의식을 지배하는 큰 힘이라는 것을 보여주고 있습니다.

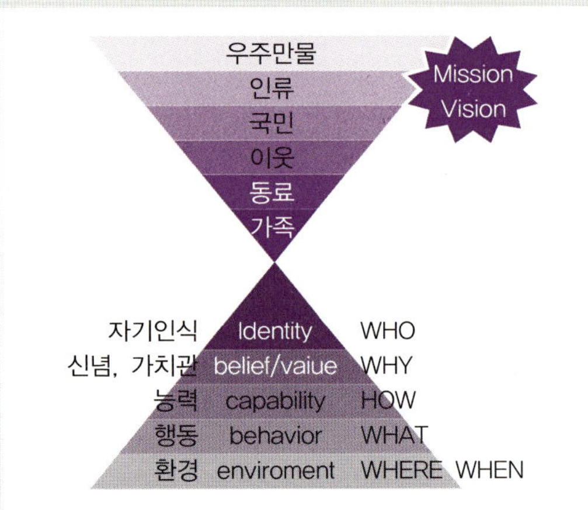

<NLP에서의 신경학적 수준>

- **환경 수준** – 당신이 지금 있는 장소를 뜻하며, 주위에 있는 사물, 사람과의 관계를 말합니다.
- **행동 수준** – 당신이 무엇을 하고 있는가? 어떠한 행동을 하고 있는가에 대한 것을 말합니다.
- **능력 수준** – 당신이 가지고 있는 힘, 재능, 자원 등을 말합니다.
- **신념과 가치관 수준** – 당신이 인생 전체를 통해 의식 및 무의식적으로 삼고 있는 기준이나 믿음을 말합니다.
- **자기 인식** – 자신은 어떤 사람인가?에 대한 의식과 존재하는 의미나 가치를 말합니다.
- **동료 · 이웃 · 국민 · 우주만물** – 당신의 존재 의미를 발견할 수 있고, 존재의 의미가 미치는 영향력의 범위를 말합니다.

신경학적인 6가지 수준은 핵심 가치의 발견을 통해 목적 또는 의미가 이끄는 삶의 양식을 발견하는 데 유용하게 활용됩니다.

(5) 코칭대화기술(coaching communication skill)

코칭대화모델에서 현재 상태와 미래에 기대하는 목표 사이에서는 분명한 거리(gap)가 있습니다. 이를 자연에 비유하면 높고 낮은 산들과 깊고 넓은 강과 바다가 있다는 것으로 표현할 수 있습니다. 그러므로 이 간격을 잘 메꾸기 위해서는 당연히 '산 넘고, 물 건너서' 갈 수 있는 지혜와 비법이 필요합니다. 바로 코칭대화기술입니다.

영어 표기인 skill의 사전적 정의는 '무언가에 대한 숙련된 기능'을 말합니다. 이를테면 솜씨, 말씨 등과 유사합니다. 코칭은 대화기술이므로 우리말로 표현하면 말씨에 더 적합하다고 볼 수 있습니다.

어떻게 하면 말씨를 잘 발달시킬 수 있을까요? 선천적인 재능도 중요하지만, 동시에 후천적인 노력도 무척 필요합니다. 브라이언 트레이시(Brian Tracy)는 《리더십 코칭 50》이라는 책의 16번째 컬럼, 즉 〈원하는 것을 얻는 법〉에서 스킬의 의의에 대해 다음과 같이 말하고 있습니다. "목표를 달성하기 위해 개발하거나 향상시켜야 할 필요가 있는 스킬은 구체적으로 무엇인가? 모든 목표에는 필요한 스킬이 있다. 사람들이 목표를 달성하지 못하는 이유는 그에 도달할 만큼의 스킬을 개발하지 못했기 때문이다. 대부분의 사람들은 '나는 나야'라고 자조하듯이 말한다. 나는 그 사람들에게 그런 생각을 극복하라고 말한다. 스킬은 배워서 익힐 수 있는 것인데, 그런 스킬이 부족하다는 이유로 스스로의 발전을 막는 것은 끔찍한 낭비다." 무슨 뜻입니까? 코칭스킬을 배우고 익히면, 효과적으로 능히, 목표를 달성할 수 있다는 것입니다(*구체적 내용은 표 8-2 참조).

2) 코칭대화모델의 단계와 과정

대부분의 코칭대화모델은 단계가 있는데, 이 단계는 프로그램에 따라 차이가 나지만, 적어도 3단계 이상이 보통입니다. 즉 코칭대화모델에서는 현재 상태를 파악하고, 미래 목표를 결정함과 동시에 목표 달성을 위한 실행계획을 수립하는 과정 및 예상되는 장애를 극복하는 방안까지 세우는 것을 포함합니다. 그러므로 코칭은 단계적이자 과정(process)이라고 하는 것입니다.

코칭을 '과정'으로 볼 때, 그 중요한 핵심에 대해 황상민 교수는 "사람들은 갈등이 되는 상황, 믿음과 모순되는 생각들이 존재할 때, 가능한 한 자신이 수용될 수 있는 일부만을 보려고 한다. 이를 극복하기 위해 코치이가 어떤 의미, 어떤 믿음을 가지고 있는지를 확인하는 과정이 바로 코칭이다. 즉 스스로 전체를 볼 수 있도록 하는 과정이다."라고 말했습니다. 따라서 코칭과정에서 전체를 보면서도 중요한 것을 확인하려면, 코치는 통찰력 있는 질문을 해야 합니다.

코칭대화모델이 단계를 지닌 일련의 과정으로서 가지는 유익에 대해 CCU에서는 코칭대화모델의 특성이라는 관점에서 5가지를 제시하였습니다(표 8-2 참조).

〈표 8-2 코칭과 코칭대화모델의 특성〉

코칭의 특성	코칭대화모델의 특성
• 코칭은 스스로 생각하게 한다. • 코칭은 잠재된 능력과 가능성을 발견하도록 이끈다. • 스스로 해결방안을 찾을 수 있도록 이끈다. • 행동에 초점을 맞추도록 이끈다.	• 대화의 틀을 제공한다. • 과정 전개를 예측할 수 있다. → 로드맵과 같다. • 협력적인 환경을 창조한다. → 대화를 효과적으로 할 수 있다. • 간단하다. → 즉각적으로 활용할 수 있다.

3) 코칭대화모델의 종류

코칭에 대한 관심이 높아지면서, 코칭에 대한 연구와 코칭산업이 더욱 활발해지고 있습니다. 이에 따라 다양한 코칭프로그램이 개발됨과 동시에 그 프로그램에서 지향하는 목적을 달성하는 데 유익한 코칭대화모델이 제시되고 있습니다.

(1) WISE 모델

〈WISE 모델〉의 WISE는 '현명한'이라는 뜻의 멋진 용어입니다. 그것은 지혜롭다면 보람차고, 행복한 삶을 살 가능성이 매우 높기 때문입니다.

이 모델은 이소희(2006)에 의해 개발이 되었으며, 특정한 프로그램에서 뿐만이 아니라 일상생활에서 코칭접근법 활용하기를 할 때에도 유용하게 사용할 수 있습니다.

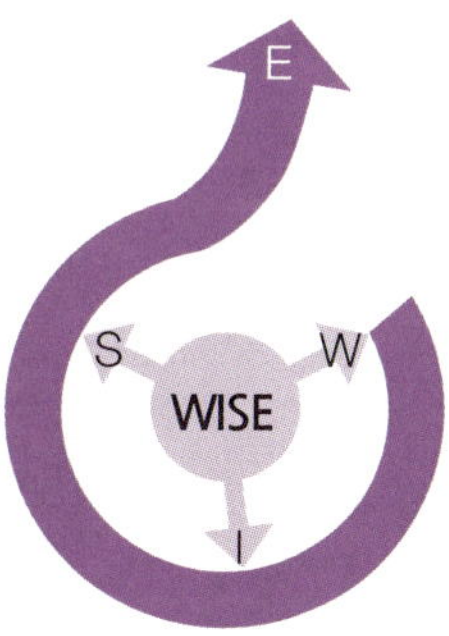

〈WiSE 모델〉

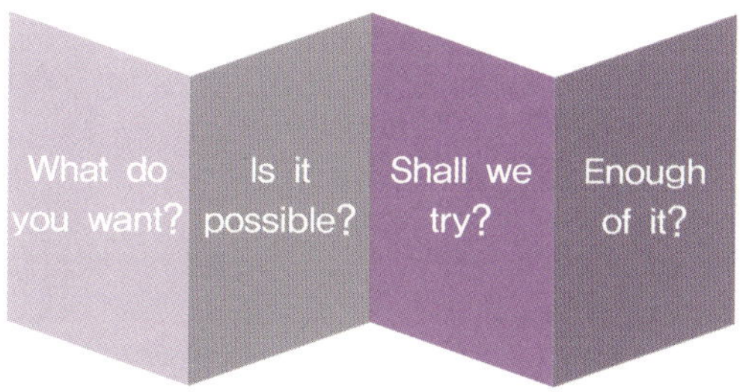

- W : 코치이가 무엇을 원하는지 목표를 확인하는 단계
- I : 코치이가 원하는 것을 달성하도록 방법을 모색하는 단계
- S : 코치이가 모색한 방법을 시도해 보도록 지지하는 단계
- E : 피드백을 통해 마무리하는 단계

① WISE 모델의 특징

- 코칭의 과정에서 늘 깨어 있을 수 있도록 돕는 질문형 모델입니다.
- 코치이의 가능성과 주도성을 여는 열린 질문으로 구성되어 있습니다.
- 남녀노소 누구나 쉽게 이해할 수 있는 간단한 문장을 사용하고 있습니다.
- 목표의 성취에 대한 충족감을 확인하는 피드백 질문이 포함되어 있습니다.

② WISE 모델의 활용

WISE 모델은 다양한 코칭영역과 대상 및 주제에서 활용되고 있으며, 그 효과가 입증되고 있습니다.

〈표 8-3 WISE 모델의 적용 예시〉

<table>
<tr><th>모델</th><th colspan="3">이니셜과 내용</th><th colspan="2">의미와 기능</th></tr>
<tr><td rowspan="11">WISE</td><td rowspan="2">W</td><td rowspan="2" colspan="2">What do you want?</td><td colspan="2">코치이가 무엇을 원하는지 확인하는 단계</td></tr>
<tr><td colspan="2">코칭 목적과 목표 설정</td></tr>
<tr><td rowspan="4">I</td><td rowspan="4" colspan="2">Is it possible?</td><td colspan="2">코치이가 원하는 것을 달성하도록 방법을 모색하는 단계</td></tr>
<tr><td>즉답 수준</td><td>즉시 가능하다고 봄</td></tr>
<tr><td>모색 수준</td><td>생각을 더해 봄</td></tr>
<tr><td>모색 후, 결정 수준</td><td>최종적으로 가능하다고 봄</td></tr>
<tr><td rowspan="4">S</td><td colspan="2">Shall we try?</td><td colspan="2">코치이가 모색한 방법을 시도해 보는 단계</td></tr>
<tr><td rowspan="3">TRY</td><td>T</td><td>Target</td><td>목표</td></tr>
<tr><td>R</td><td>Run</td><td>실행</td></tr>
<tr><td>Y</td><td>Yea</td><td>긍정의 상태 확인</td></tr>
<tr><td>E</td><td colspan="2">Enough of it?</td><td colspan="2">피드백을 통해 코칭을 마무리하는 단계</td></tr>
</table>

〈표 8-4 KOREA 모델의 적용 예시〉

모델	이니셜	단계	의미	
KOREA	K	1	Keynote	주제 정하기
	O	2	Observe	관찰하기
	R	3	Recreate	재창조하기
	E	4	Exercise	연습하기
	A	5	Announce	공표하기

〈표 8-5 FIVE 모델의 적용 예시〉

모델	이니셜과 내용		의미와 기능
FIVE	F (Find)	발견하기	• 아동이 자신의 '꿈–꾀–끼–깡–끈'이 무엇인지, 어떤 상태인가에 대해 발견한다. • (유·아동이) 자신이 꾸는 꿈을 이루기 위해 여러 생각을 해서 꾀, 끼, 깡, 끈이 어느 정도인지 안다.
	I (Idea)	아이디어 찾기	• (유·아동이) 자신이 꾸는 꿈을 이루기 위해 여러 생각을 해서 꾀, 끼, 깡, 끈에 관한 아이디어를 찾는다.
	V (Value)	우선적인 가치가 있는 방법 선택하기	• (유·아동이) 자신의 꿈을 이루기 위해 꾀, 끼, 깡, 끈에 대해 찾아낸 아이디어 중에서 먼저 해볼 만한 가치가 있는 방법을 선택한다.
	E (Effort)	우선적으로 선택한 방법에 따라 실제 노력하기	• (유·아동이) 우선적으로 선택한 방법에 따라 구체적으로 노력한다.

(2) ANCHOR 모델

〈ANCHOR 모델〉의 ANCHOR은 바다와 항해에서 사용되는 '닻'이라는 뜻의 멋진 용어입니다. 즉 항해를 마치고, 다음의 항해를 위한 준비를 위해 정박 중일 때, 파도나 바람에 휘말려 흔들리거나 쓸려 내려가지 못하도록 묶거나 잡는 기능을 합니다. 즉 코칭과정 중에 의미와 가치가 있다고 생각되어서 선택하거나, 결정한 그 '무엇인가'가 흔들리지 않도록 마음을 굳게 잡을 수 있도록 하기 위한 의도로 개발된 것입니다.

이 모델은 박창규와 이소희(2012)에 의해 개발되었으며, 리더십코칭연구소와 엄마아빠사랑연구소에서 주관하고 있습니다.

① ANCHOR 모델의 특징

- 특정한 NLP 이론을 기반으로 하고 있으므로 특화된 코칭모델입니다.
- 따라서 NLP 이론에 기반한 코칭프로그램에서 효과를 보기 쉽습니다.
- 〈NLPia 코칭프로그램〉에서 기본 모델로 활용되고 있습니다.
- 리더십 원리가 반영된 활동에 의해 리더십 발달을 돕습니다.

〈NLPia 코칭프로그램〉의 NLPia는 NLP와 유토피아(Utopia)의 합성어로서 NLP의 세계를 말하며, ANCHOR 모델은 A, N, C, H, O, R을 이니셜로 하여 〈표 8-6〉과 같이 6단계로 구성되어 있습니다.

〈표 8-6 ANCHOR 모델의 구성〉

단계	내용		NLPia ANCHOR
1	Aim–Outcome	기대목표	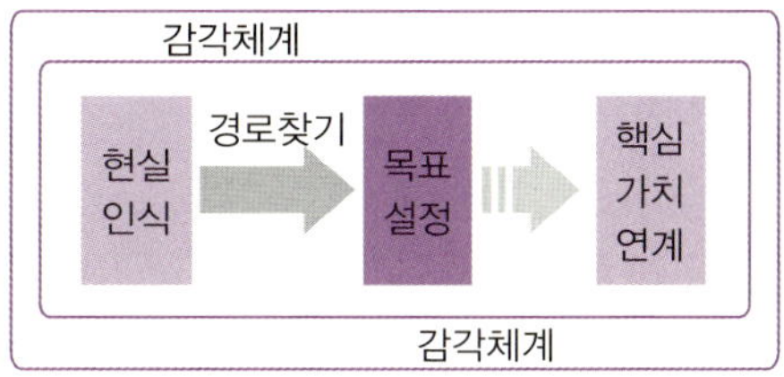
2	Now	현실인식	
3	Core–state	핵심가치	
4	Hunting for path	경로찾기	
5	Obstacles	장애요인	
6	Recap	다짐하기	

② ANCHOR 모델의 활용

ANCHOR 모델에 따르면, 각 단계별 목표를 성취할 수 있도록 지원하는 기본 질문과 함께 NLP 기법에 따른 다양한 활동이 제시되어 있습니다. 따라서 이를 활용하면, 현실인식과 기대목표 사이를 좁혀서 목표를 성취하기 쉽습니다.

〈표 8-7 ANCHOR 모델의 적용 예시〉

A	Aim–Outcome 기대목표	선생님이 원하는 것은 무엇입니까?	우리 반 아이들 모두와 잘 지내고 싶어요.
N	Now 현실인식	현재 선생님 반 아이들과 관계는 어떻다고 생각하시나요?	아직은 아이들의 모든 것을 받아주는 여유 있는 교사는 아닌 것 같아요.
C	Core–state 핵심가치	아이들과 관계가 좋다는 것은 어떤 의미일까요?	아이들이 저를 믿고 따라올 수 있는 거라고 생각해요.
H	Hunting for path 경로찾기	아이들에게 신뢰를 줄 수 있는 선생님이 되기 위해 오늘 바로 할 수 있는 것은 무엇일까요?	먼저 아이들이랑 바깥놀이 시간에 하기로 한 것은 꼭 지켜야 할 것 같아요.
O	Obstacles 장애요인	놀이시간에 약속을 지키는데 예상되는 어려움은 무엇인가요?	아이들이랑 하기로 한 것을 잊어버릴 수 있으니 꼭 적어야겠어요.

③ STAR 모델

〈STAR 모델〉의 STAR는 너무 잘 알려진 '별'이라는 뜻의 멋진 용어입니다. 이 '별'의 개념에 함축되어 있거나 시사하고 있는 것은 꿈, 열망, 욕구, 비전, 성취, 탁월성 등입니다. 그렇기 때문에 코칭철학과 가치를 잘 반영하고 있습니다.

〈STAR 모델〉은 박정영(2012)이 개발한 모델입니다. S-T-A-R의 이니셜에 따라 4단계로 구조화되어 있으며, 각 단계마다 구체적인 핵심활동으로 구성되어 있습니다.

〈표 8-8 ANCHOR 모델의 적용 예시〉

단계	내용	활동
S	스토리 말하기	• 친밀감(Rapport) 형성하기 • 지난 세션에 대한 피드백 또는 지난 성과에 대한 리뷰 • 대화의 포커스 맞추어가기 • 코칭주제 명확히 하기
T	목표 설정하기	• 목표 설정하기 • 원하는 것을 명확히하기 • 현실과의 차이를 인정하기
A	실행계획 세우기	• 구체적인 실행계획 세우기 • SMART 기법 활용
R	마무리 하기	• 실행의지 확고히 하기 • 정리하기 • 배운 것, 새롭게 깨달은 것 이야기하기 • 인정과 축하하기 • 다음 약속하기

〈STAR 모델〉을 활용하는 3Cs 코칭프로그램의 특징은 8가지로 요약하고 있습니다.

1. 논리성 : 코칭 스킬과 코칭 프로세스를 논리적으로 전개. 개발자의 코칭연구에 기초
2. 코칭 사례 : 개발자의 코칭 경험, 교육 경험을 통해 개발된 생생하고 현실적인 사례와 시나리오를 프로그램에서 적극적으로 활용함으로써 현실 적용도가 높음
3. 풍부한 코칭 실습 : 코칭 실습이 다양하게 진행됨으로써 워크숍 내에서 코칭 스킬과 대화모델을 체득화할 수 있는 기회가 많음
4. 범용성 : 코칭을 시작하는 단계에서 반드시 필요한 코칭 역량을 중심으로 개발된 프로그램으로서 전문코치뿐만 아니라 코치형 리더 등 자신의 역할에서 코칭을 적용하고자 하는 모든 사람들에게 적용될 수 있도록 개발된 프로그램
5. 새로운 개념 개발 : 호기심 스팩트럼, MDFP 질문, FEN, STAR 코칭대화모델, 코칭프로세스 ACE 모델, 코칭하기와 코칭접근법 활용하기 등 교육생들의 이해를 돕기 위한 새로운 개념 개발
6. 장기적 전개 : 3~4주간 진행되는 장기 프로그램으로서 코칭 역량을 체득화할 수 있는 최소한의 기간을 확보하였으며 과제를 적절히 배치함으로써 코칭 경험을 다양화하였음
7. 프로그램 프랜차이징의 기회 : 3Cs 일반과정 이수 후 3Cs FT과정(강사양성과정)을 이수할 경우 3Cs를 자신의 프로그램으로 프랜차이징 받을 수 있는 기회를 갖게 됨(별도의 프랜차이징 비용 없음)
8. 인증 프로그램 : 교육 이수자가 한국코치협회 KAC 자격시험에서 요구하는 코칭 역량을 충분히 갖출 수 있도록 설계된 프로그램이며 협회의 인증 프로그램

이와 같이 코칭모델은 코칭프로그램과 매우 밀접한 관계를 지니고 있습니다.

④ 4N 모델

〈4N 모델〉은 'N'으로 시작하는 4가지의 용어로 구성되어 있으며, 이에 따라 4가지 단계로 진행됩니다.

〈4N 모델〉은 이소희(2021)가 개발하였으며, 다양한 특성을 지닌 사람들을 대상으로 활용할 수 있는 범용 모델입니다.

그리고 각각의 단계마다 궁극적으로 새로운 생활을 통해 새로운 태도가 형성될 수 있도록 지지하는 깨닫는 질문리스트가 제시되고 있습니다.

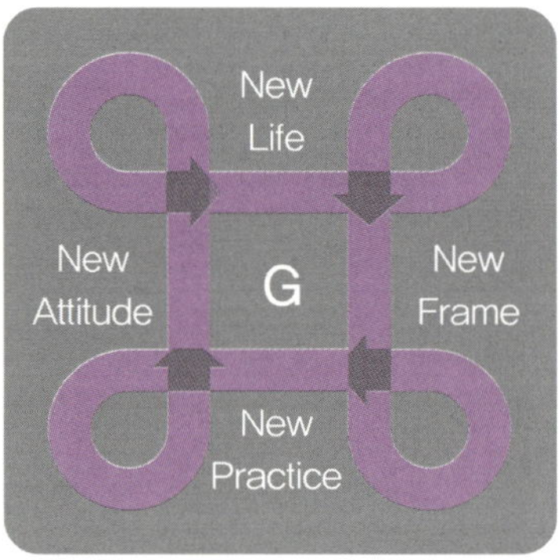

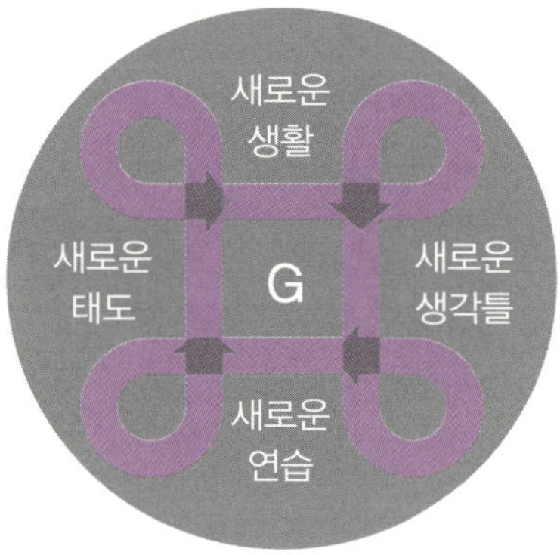

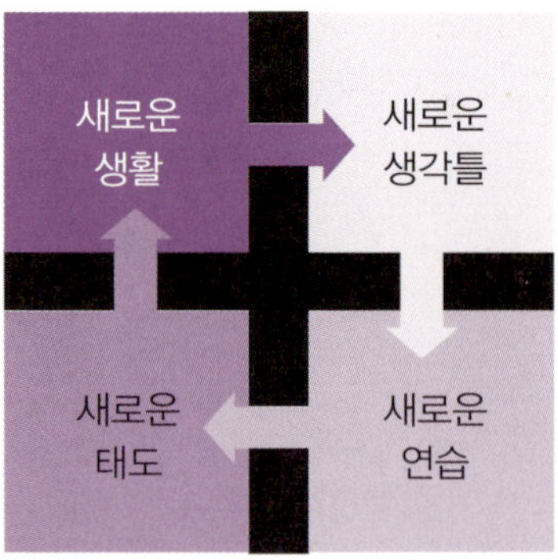

〈표 8-9 4N 모델의 적용 예시〉

New Life	• 새로운 생활을 하도록 이끈 결정적인 생활사건은 무엇입니까? • 새로운 생활을 하게 되면, 어떻게 달라질 것 같습니까? • 새로운 생활을 하도록 영향을 준 사람은 누구입니까? • 새로운 생활을 어떠한 생활을 말하는 것입니까?
New Frame	• 새로운 생각틀은 무엇을 말합니까? • 새로운 생각틀로 바꾸어야 할 이유는 무엇입니까? • 생각틀로 바꾸면 어떠한 변화가 생길 것 같습니까? • 새로운 생각틀을 하기 위해 필요한 것은 무엇입니까?
New Practice	• 새로운 연습을 위해 어떤 계획을 세워야 할까요? • 새로운 연습을 위해 우선적으로 고려해야 할 것은 무엇입니까? • 새로운 연습을 성공적으로 수행하기 위해 필요한 인적 자원은 무엇입니까? • 새로운 연습을 성공적으로 수행하기 위해 필요한 물적 자원은 무엇입니까?
New Attitude	• 새로운 태도가 형성된 것을 언제 알 수 있습니까? • 새로운 태도가 형성된 것으로 어떻게 알 수 있습니까? • 새로운 태도가 형성되면, 누가 가장 좋아할 것 같습니까? • 새로운 태도가 형성되면, 나 자신에게 어떠한 말을 할 수 있을 것 같습니까?

현재는 〈4N 모델〉은 한국코치협회의 인증 프로그램으로 삶의 변화를 이룰 수 있도록 실행적 역량을 갖출 수 있게 지원합니다.

행복한 성공을 향해 길 떠나는 마차

여러 가지 생활도구들 중에서도 특별히 마음에 드는 것이 있습니다.
코칭모델도 코칭의 목적과 형태에 따라 선호도가 다를 수 있습니다.

여러분이 하고 싶은 일을 위해,
혹은 직면하고 있는 문제를 해결하고 싶은 경우,
어떠한 단계를 거치면 효과적으로 실행할 수 있겠습니까?

자유롭게 그 단계를 써 봅니다.

의식은 계발되는 것입니다.

2. 코칭기술의 의의와 종류

코칭기술(coaching skill)은 코칭이라고 하는 특수한 목적을 위해 사용하는 구체적인 행동기술을 의미하며, 전문가에 따라 명명과 분류 기준이 좀 다르기는 하지만, 이러한 코칭기술은 기본(basic) 또는 핵심(core)기술과 주요(major) 또는 서브(sub)기술로 구분됩니다.

'기술'도 모델 이상으로 우리의 귀에 익숙합니다. 곧 과학기술과 같은 큰 범주의 기술을 넘어서 메모의 기술이나 정리의 기술과 같이 일상적인 생활기술에 이르기까지 그 범주도 매우 넓습니다.

마찬가지로 코칭의 기술도 다양하며, 전문가에 따라 다르게 정의하고 있습니다만, 이렇듯 다양한 기술을 모두 활용해야만 탁월한 코칭을 할 수 있는 것은 아닙니다. 이것은 온갖 과학기술을 다 활용한다고 해서 행복해지는 것만은 아니라는 것과 맥락을 같이 합니다. 오히려 'Simple life, High Thinking'이 더 의미 있고 풍요로운 생활을 향유할 수 있도록 지지해 줄 수도 있습니다. 그러므로 코칭에서도 기본기술과 주요기술을 확실하게 연마하여 밀도 높은 코칭을 하는 것이 효과적인 접근이라고 할 수 있습니다.

여기서 기본기술(Core Skill)이란 가장 중요하므로 항상 사용하는 기술을 말하며, 주요기술(Sub Skill)이란 항상 사용하는 기술은 아니지만 상황에 따라 적절하게 사용하는 기술을 말합니다.2)

> **여러분이 지금, 자신에게 하고 싶은 질문은 무엇입니까?**
> **하고 싶은 것을 하면, 어떤 유익이 있습니까?**

---

2) 한국코치협회의 인증하는 KAC 취득을 위해 중요하게 고려하는 기술은 경청기술, 질문기술, 따뜻한 인정축하기술입니다. 따라서 이 책에서는 이러한 기술을 차례대로 제시하고, 학습하도록 하였습니다.

1) 래포형성기술

(1) 코칭에서의 래포의 힘

래포(rapport)는 프랑스어에서 유래된 것으로'관계성'을 말하며, 두 사람 사이에 마음의 다리(bridge)를 놓는 것으로 풀이하기도 합니다.

알다시피 배는 항구에 정박하도록 만든 것이 아니라 바다를 항해하도록 만든 것이듯, 다리도 건너기 어려운 두 지역을 연결하여 쉽게 오갈 수 있도록 만든 것입니다. 래포형성도 마치 다리처럼 두 사람의 관계가 좋아 서로 잘 오갈 수 있는 상태를 유지해야 상호 소통이 원활함을 함축하고 있습니다. 그림에서 보듯이 얼굴에만 눈, 코, 귀, 입이 있는 것이 아니라 손과 발에도 있습니다. 그러므로 온몸으로 코치이와 마음의 다리를 놓아야 하는 것입니다.

<래포를 위한 온몸 언어>

만약 다리가 끊어지면 어떻게 되나요? 생각만 해도 아찔하죠? 처음부터 잘 놓은 마음의 다리는 끝까지 잘 놓여 있어야 합니다. 이렇게 보면 코치는 코치이를 위한 다리라고 볼 수 있습니다. 다리를 다 건넌 코치이는 혼자 걷고, 뛰어갈 수 있게 됩니다. 바로 코칭의 맛과 멋이자 코치의 보람인 것입니다.

(2) 래포형성기술의 종류

래포의 중요성 때문에 일찍이 래포형성기술은 상당히 발달되어 있습니다. 그래서 래포기술은 코칭뿐 아니라 인간관계를 다루는 교육, 상담, 치료 등에서 그 활용도가 매우 높습니다. 일반적으로 래포는 겉으로 드러난 행동단계에서 의식과 신념의 단계로 나아가는 편입니다.

최근에 들어서는 래포의 형성기술로서 NLP기술의 활용도가 높은데, 코칭에서 활용되는 NLP기술의 기본 관점은 맞추기(matching)입니다. 이 맞추기는 사람들이 대체로 자신과 비슷한 사람을 좋아한다는 점에 기초하고 있습니다. 실제로 윌리엄 콘돈(William Condon)은 래포가 잘 형성된 사람들의 동작을 초당 145장면으로 나누어 분석해 본 결과, 한 사람이 어떤 동작을 하면 다른 사람이 연이어 따라한다는 사실을 발견하였다는 것은 매칭(matching)의 의미를 잘 설명해 주고 있습니다.

〈표 8-10 NLP에서의 래포형성방법〉

호흡 맞추기	상대의 호흡을 맞추는 것을 말함. 들숨과 날숨을 맞추는 것은 물론, 말하는 속도나 리듬을 함께 조절함
말 맞추기	상대방의 말을 되받는 것으로, 말한 것을 그대로 따라 하는 것과 요약해서 중요한 키워드만 반복하는 것이 있음
행동 맞추기	상대방의 행동을 거울에서 보듯 따라함
알아차리기	상대방이 어떤 심리상태에 있는가를 비언어적인 신호를 관찰하여 정보의 내용을 식별하는 것

이러한 래포형성기술은 하루아침에 되는 것이 아니라 부단한 연습이 필요합니다.

(3) 래포형성의 자세

코칭에서 래포형성을 잘 하기 위해서는 코치가 코치이의 관점에서 생각하고, 보고, 듣고, 맞추어야 할 뿐만 아니라, 진정 코치이를 위해 지혜롭게 인도할 수 있어야 합니다. 즉 첫 만남에서부터 모든 것을 코치이에 중심에 두고 진행하는 것입니다. 이렇게 본다면 코치이는 참으로 행복한 사람이라고 할 수 있습니다.

그렇다고 해서 래포는 일방향적인 것이 아닙니다. 코칭의 강점이 양방향 의사소통이라는 것은 래포의 형성에서부터 시작되기 때문입니다. 즉 래포는 코치가 이미 가지고 있는 것으로 제공하는 것이 아니라, 코치이를 향한 사랑의 의지(意志)에 의한 코치이와의 관계에서 빚어진다고 할 수 있습니다. 또한 그렇다고 해서 래포는 코치이에 대해 무조건적으로 동의하는 것은 아니며, 진정으로 래포를 유지하면서 코치이를 지혜롭게 리딩(leading)할 수 있어야 합니다. 그러므로 윷놀이에서처럼 '모'가 아니면 '도'라는 식으로 딱 자르는 것은 매우 곤란합니다. 이 경우에는 이미 코치이 중심이 아니라 코치 자신이 중심이 되어버렸기 때문입니다.

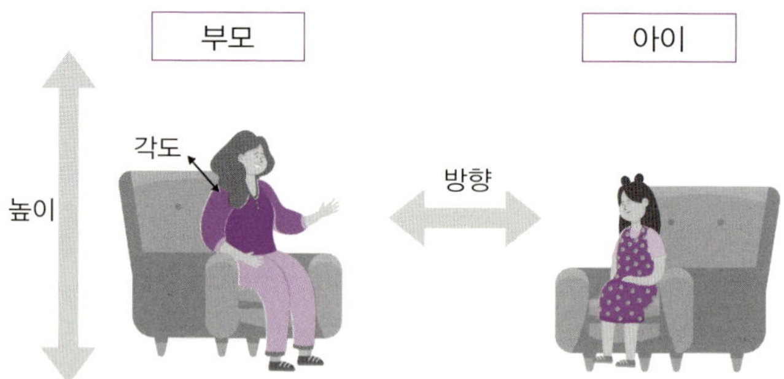

〈래포형성을 위한 자세〉

COACHING BOX 8-4

래포형성기술

세계적인 NLP 및 NLP코칭 트레이너인 조셉 오코너(Joseph O'Connor)와 안드레아 라제스(Andrea lages)는 《NLP 코칭》에서 코칭의 기술에 대해 다음과 같이 언급하고 있습니다. 즉, "코치가 구사하는 스킬 중, 관심 기울이기도 포함된다. 관심은 세상에서 가장 소중한 필수품 중의 하나이다. 그렇지만 그것은 누가 명령해서 할 수 있는 것은 아니다. 그것은 단지 자연스럽게 일어나는 것일 뿐이다. 우리는 주위에서 충분히 관심을 받지 못할 때, 힘을 잃고 활기도 느끼지 못한다. 공기와 물이 우리의 육체적인 건강에 없어서는 안 되는 요소인 것처럼 관심은 우리의 정신적인 건강에서 없어서는 안 되는 것이다. 그리고 첫 코칭 세션부터 코치이에게 관심을 기울이기 위해서 두 가지 스킬, 곧 캘리브레이션과 경청이 필요하다"는 것입니다.

눈은 마음의 창이라고 하고, 얼굴은 몸의 거울이라고 합니다. 따라서 관심을 기울이기 위한 캘리브레이션과 경청을 제대로 하기 위해서는 얼굴의 변화에 주의를 기울여야 합니다. 주로 얼굴을 중심으로 일어나는 모든 변화를 BMIR(Behavioral Manifestation of Internal Representation)이라고 하는데 다음과 같은 변화를 보입니다.

불안한 감정 상태에 있는 사람은

- 안색이 변하고,
- 얼굴 근육이 긴장되고,
- 입술이 엷어지고 창백해지며,
- 호흡이 얕아지고 빨라지며,
- 몸의 자세와 동작이 달라지며,
- 목소리도 바뀌고,
- 말의 템포도 변하고,
- 눈동자의 움직임도 빨라진다.

BMIR을 통해 캘리브레이션할 수 있는 기술은 연습에 의해 길러집니다.

2) 경청기술

(1) 코칭에서의 경청의 힘

경청은 귀로 듣는 것과 마음으로 듣는 것으로 크게 구분됩니다. 내담자 중심의 상담자인 칼 로저스(Carl Ransom Rogers)는 《인간이 되는 법》에서 "만약 상대방이 말하는 것을 들을 수 있고 이해할 수 있으며, 상대방의 개인적인 의미를 알 수 있고 느낄 수 있도록 경청한다면, 개인의 인성을 변화시키고 타인과의 관계를 개선하는 데 막강한 힘을 발휘한다."고 하였습니다.

> 정신과 의사인 M. 스캇 펙의 《아직도 가야 할 길》이라는 책에서 부부 사이의 경청에 대해 이야기하면서, 진지하게 경청하는 것이 일상이 되면 배우자는 상대방의 말을 가슴으로 이해하는 기쁨을 누릴 수 있다고 하였습니다.

경청은 이와 같이 사람에게 삶을 변화시키는 힘이 있습니다. 경청의 힘은 크게 일곱 가지로 요약됩니다.

- 경청을 통해 주제와 맥락을 잡을 수 있다.
- 경청을 통해 가치를 부여하고 해석할 수 있다.
- 경청을 통해 상대의 생각을 정확하게 인식할 수 있다.
- 경청을 통해 비슷하고 반대되는 개념을 분류할 수 있다.
- 경청을 통해 비교하며 통합할 줄 아는 통찰을 할 수 있다.
- 경청을 통해 상대의 생각에 대한 장단점을 구분할 수 있다.
- 경청을 통해 상대의 생각에 대한 영향력을 예상할 수 있다.
- 경청을 통해 중요한 것과 그렇지 않은 것을 구분할 수 있다.

(2) 경청의 종류

경청은 거의 듣지 않는 수준으로 멍하니 있거나 또는 듣는 둥 마는 둥 하기, 듣는 척만 하기, 선택적으로 골라서 자기중심적으로 또는 듣기, 경청하기 4단계로 요약할 수 있으며, 다시 유사한 3가지로 구분됩니다.

① 다양한 경청의 종류

- 적극적 경청(Active Listening) - 상대의 이야기에 주의집중하고 있다는 것을 상대가 지각할 수 있도록 행동으로 표현하며 듣는 것.
- 반영적 경청(Reflective Listening) - 상대의 이야기 속에 숨은 의미를 파악하여 알려줌으로써 상대가 자신을 좀더 분명하게 인식할 수 있도록 듣는 것.
- 공감적 경청(Empathic Listening) - 상대의 이야기를 상대의 감정과 상황으로 이해하고 수용하면서 듣는 것.

따라서 경청하기 위해서는 들을 청(聽)의 의미를 새기면서 두 귀라는 'EARS'를 고려하여 기억하고 들으면 효과적입니다.

- 감정이입하기(Empathize) - 예: 고개 끄덕이기, 말의 내용에 따라 표정 짓기, 여러 가지 추임새(으음! 저런, 좋아요) 사용하기, 백 트래킹하기, 미러링하기, 캘리브레이션하기.
- 인정하기(Acknowledge) - 예: 응! 물론이지. 아, 그랬구나!? 세상에?! 그랬어요? 걱정이 많으셨겠군요! 당신한테는 그것이 굉장히 중요한 일이었군요 등.

- 반영하기(Reflect) – 예: 좀더 말씀해 주세요. 제가 잘 이해할 수 있도록 자세히 말씀해 주세요. 당신 마음은 어떠세요? 이제부터 어떻게 하기를 원하세요? 등.
- 요약하기(Summarize) – 예: 당신이 이 일을 보는 관점은 ~~하군요. 당신이 보기에 ~~는 것이군요.

요약하면, 경청은 처음에는 귀로, 그 다음에는 입으로, 그 다음에는 마음으로 들어야 하는 것입니다. 바로 온전히 경청해야 하는 것입니다.

(3) 경청의 자세

영어권에서 듣기는 크게 두 가지로 구분합니다. 그냥 들리는 대로 듣는 hearing과 주의깊게 듣는 listening이 그것입니다. 학창시절 영어시간에 자주 들었던 'Listen & Repeat'의 'Listen'은 경청에 해당됩니다. 또 우리가 어린 시절 학교에 갈 때, "엄마, 아빠, 학교 다녀오겠습니다."라고 인사를 하면 부모님들은 의례적으로 "오냐, 학교 가서 선생님 말씀 잘 들어라."라고 말씀하시곤 했습니다. 그리고 나서도 마음이 안 놓이시는지 다시 불러세우시곤 "건성건성으로 듣지 말고 귀담아 들어라."고 말씀하셨는데, 이때 이 부모님의 말씀은 바로 경청의 청(聽)에 해당하는 것입니다.

질문은 코칭의 꽃이라고 합니다. 이렇게 멋진 질문을 하기 위해서 전제되어야 할 것은 당연히 잘 들어야 합니다. 이렇듯 중요한 경청은 뜻글자인 한자어에서 경청의 자세를 강하게 시사받을 수 있습니다.

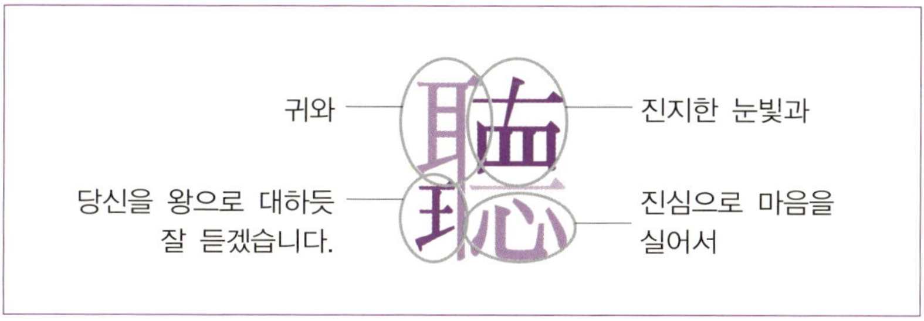

〈경청의 자세〉

요약하면 온몸과 마음으로 진지하고, 겸손하게 들어야 한다는 것입니다. 이러한 자세는 온전히 경청하는 것을 말합니다. 그래서 이 책에서는 '온전한 경청기술'로 표현합니다.

COACHING BOX 8-5

온전한 경청 게임

"말 한 마디에 천냥 빚을 갚는다."는 우리 속담이 있습니다. '말'의 중요성과 영향력을 단적으로 표현하고 있습니다. 그리고 "잘 들어라, 그렇지 않으면 네가 귀머거리가 되어버릴 것이다."라는 아프리카 속담은 '경청'의 힘을 역설적으로 대변하고 있습니다.

한편, 말함과 들음과 관련하여 연구된 결과, 연구자의 이름으로 붙여진 '메라비언 법칙'이 있습니다. 이 연구가 시사하는 것은 사람들의 얼굴 표정과 몸짓과 동작 및 자세 등과 말하는 내용이 일치하지 않을 경우에 발생할 수 있는 문제점을 시사한 것입니다. 바로 무언의 메시지(silent messages)가 지니는 중요성을 언급하고 있는 것입니다.

〈게임 방식을 통한 경청 실습〉

① 2인 1조를 구성합니다.

② 가위바위보를 통해 '가'와 '나'를 정합니다.

③ 먼저 하기로 정해진 참가자가 최근 3일 동안, 기억에 남는 것에 대해 6하 원칙에 따라 3분 정도 말합니다.

④ FT는 3분 경과 후, 경청을 한 참가자에게 3가지 질문을 합니다.

⑤ FT와 두 참가자가 이 게임에 대해 소감을 말합니다.

3) 질문기술

(1) 코칭에서의 질문의 힘

코치들은 질문을 '코칭의 꽃'이라고 말합니다. 이것은 코칭에서의 질문이 가지는 의의를 강조한 것입니다.

일상생활에서 우리는 질문을 자주, 많이 한다고 생각하지만, 연구결과와 전문코치들의 임상경험에 따르면 그렇지도 않다고 합니다. 이런 맥락에서 보면, 질문의 생활화가 절실합니다.

> 세계적인 주식부자라고 알려진 워렌 버핏의 회사에서 주주총회가 열렸을 때, 한 초등학생이 참석하여 워렌 버핏에게 "학교에서는 모든 것을 가르쳐 주지 않습니다. 더 많이 알기 위한 좋은 방법이 무엇인가요?"라고 물었습니다. 버핏은 "아이야, 신문을 읽어라. 그러면 세상이 보인단다."라고 대답했습니다. 그러자 바로 그 옆에 있던 워렌의 파트너가 "네가 그런 질문을 하는 것을 보니 너는 성공할 수 있겠다."라고 칭찬하였습니다.

이와 같이 질문은 현재의 어린 아이들로 하여금 미래의 행복한 성공자로 나아가게 하는 힘이 있습니다. 워렌 버핏은 훌륭한 멘토였으며, 그의 동료 역시 아이를 고래처럼 춤추도록 동기를 부여했습니다. 도로시 리즈(Dorothy Leeds)는 《질문의 힘》에서 일곱 가지 질문의 힘을 제시하였습니다.

- 첫 번째 힘 – 질문하면 답이 나온다.
- 두 번째 힘 – 질문은 생각을 자극한다.
- 세 번째 힘 – 질문을 하면 정보를 얻는다.
- 네 번째 힘 – 질문을 하면 통제가 된다.
- 다섯 번째 힘 – 질문은 마음을 열게 한다.
- 여섯 번째 힘 – 질문은 귀를 기울이게 한다.
- 일곱 번째 힘 – 질문에 답하면 스스로 설득이 된다.

(2) 질문의 종류

질문 자체가 코칭에서 중요한 기술임은 두말할 나위가 없습니다. 코칭에서 좋은 질문을 하기 위해서는 질문하는 기술을 익혀야 하는데, 박정영은 네 가지로 들고 있으며, 첫 글자를 따서 MDFP로 표현하고 있습니다.

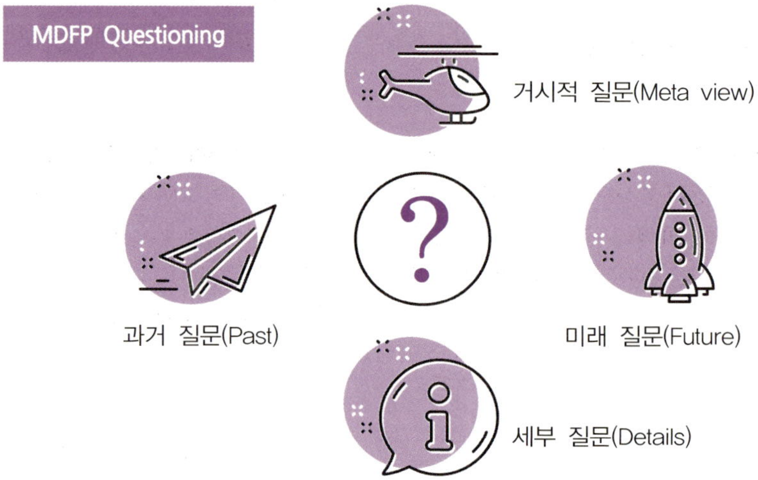

<질문기술>

출처: 박정영(2012). 3Cs

- Meta View – 거시적이며, 객관적인 안목에서 바라보는 질문입니다. 이를테면, 마치 헬리콥터나 비행기를 타고 높은 하늘로 올라갔다고 가정하고, 무엇이 보이는지를 생각해 보게 하는 질문을 말합니다.
- Details – 의미를 정확하게 하고, 상황을 구체적으로 파악할 수 있도록 자세히 묻는 질문입니다. 이를테면, 마치 의사나 생물학자가 현미경을 보고 전체에서 부분 부분을 나누고 쪼개어

살피듯 하는 질문입니다.

- Future - 미래에 일어나기를 바라는 결과를 생각하도록 하는 질문입니다. 이를테면, 마치 타임머신(time machine)을 타고 먼 미래로 가듯이 하는 질문입니다.
- Past - 과거의 경험, 자원을 활용할 수 있도록 하는 질문입니다. 이를테면, 추억 속의 앨범을 보듯이 과거로 돌아가 경험을 반추하는 것입니다. 가능하면 성공적인 자원을 찾는 것이 더 필요하다고 볼 수 있습니다.

이 질문하기는 자기 자신에 대한 질문하기도 당연히 포함됩니다.

(3) 질문의 자세

좋은 코칭 질문에 대해서는 거의 일치된 경향을 보이고 있습니다. 반면에 좋지 않는, 좀 미운 질문도 있습니다. 따라서 질문을 할 경우, 코치이의 상황을 고려하여 '꽃'을 피우는 마음으로 질문해야 합니다.

좀 미운 질문	좋은 질문
폐쇄형 질문	개방적 질문(열린 질문)
부정적 질문	긍정적 질문
일회성 질문	반복 질문
과거 질문	미래 질문
추궁 질문	발견 질문

이러한 질문을 하기 위해서는 기본적으로 중립적 언어(neutral language)를 사용하는 것이 좋습니다. 중립적 언어란 코치가 코치이의 말과 의도를 섣불리 해석하거나, 판단하여 충고하거나, 비난이나 비판하지 않고 코치이의 경험과 상황을 고려하여 스스로 문제를 해결할 수 있도록 돕는 언어입니다. 따라서 코치 자신의 생각이나 주장을 내려놓아야 합니다(egoless). 에고리스가 되지 못한 질문을 오리가 꽥꽥거리는 것에 비유하고 있습니다.

<에고를 버린 질문>
요약하면 되는대로 마구마구 질문할 것이 아니라, 질문을 통해 깨달음이 일어날 수 있도록 질문할 필요가 큽니다. 그래서 이 책에서는 '깨닫는 질문기술'로 표현합니다.

COACHING BOX 8-6

중립언어

오늘도 컴퓨터 앞에 앉아있는 철수를 보며 엄마는 화가 나셨습니다. 어제 하루에 한 시간만 컴퓨터를 하기로 했는데 철수는 언제 그런 약속을 했냐는 식으로 오늘도 두 시간째 컴퓨터 앞에 앉아 있었던 것입니다.

■ 중립언어를 사용하지 않은 Oh, No 상황

엄마 A　너, 어제 엄마와 약속했지? 약속은 도대체 언제 지킬 거야?

■ 중립언어를 사용하는 Oh, Yes 상황

엄마 B　약속한 두 시간이 지났구나. 그래도 아직 컴퓨터가 많이 하고 싶은 모양이다. 네가 약속을 지킬 수 있도록 엄마가 무엇을 도와주면 좋을까?

〈상황 2〉 아이가 모르는 것을 엄마에게 숙제하다가 물었습니다.

■ 중립언어를 사용하지 않은 Oh, No 상황

아이　엄마, 나 과학시간에 배운 중력법칙 잘 모르겠어, 그게 뭐야?
엄마　수업시간에 잘 들으면 왜 모르겠니? 너 딴짓 했지?
아이　아니야, 어려워서 그래.
엄마　백과사전 찾아봐, 전과를 찾아보든지.
아이　치, 엄마는 가르쳐 주지도 않으면서 구박만 해.

■ 중립언어를 사용하는 Oh, Yes 상황

아이　엄마, 나 과학시간에 배운 중력법칙 잘 모르겠어. 그게 뭐야?
엄마　중력의 법칙에 대해 알고 싶구나. 어떻게 하면 중력법칙에 대해 알 수 있을까?
아이　전과 찾아볼까? 아니다. 인터넷으로 보면 금방 알 수 있겠다.
엄마　그럼 되겠구나. 찾으면 엄마한테도 설명해 주겠니?

> "질문은 상상하는 것 이상으로 강력한 도미노 현상을 일으킨다.
> 나는 모든 인간의 진보가 새로운 질문에서 비롯된다고 믿는다."
>
> \- 앤서니 라빈스 -

4) 인정과 축하 기술

(1) 코칭에서의 인정과 축하의 힘

코칭에서는 인정과 축하를 한 묶음으로 다루고 있습니다. 그것은 인정이 어떠한 과정에서 이루어 낸 긍정적인 기여에 대한 감사와 존경을 표하는 것이므로 자연스럽게 인정 뒤에는 축하가 뒤따르기 때문입니다. 즉 축하는 그야말로 다른 사람이 이룬 성과를 마치 내가 이룬 성과 또는 그 이상으로 기뻐하는 마음의 표현으로서 바로 "슬픔을 나누면 반이 되고, 기쁨을 나누면 배가 된다"는 속담에서 잘 알 수 있습니다. 동서고금을 막론하고 가장 대표적인 축하의 표현은 언어적 칭찬과 보상으로서 대체로 동시에 이루어집니다. 왜냐하면 보상이 함께 함으로써 인정의 가치를 더욱 높여 줄 수 있기 때문입니다.

캔 블렌차드는 《칭찬은 고래도 춤추게 한다》에서 칭찬의 힘에 대해 다음과 같이 쓰고 있습니다.

> 회사와 가정에서의 인간관계로 많은 고민을 하던 웨스는 플로리다에 출장을 가 있는 동안 우연한 기회에 씨월드 해양관에서 무게 3톤이 넘는 범고래들의 멋진 쇼를 보고 어떻게 그렇게 멋진 쇼를 하게 만들었는지 물었다. 범고래 조련사인 데이브는 웨스에게 범고래와의 관계는 인간 사이의 관계와 다르지 않으며, 멋진 쇼를 하게 만드는 비결은 상대방에 대한 긍정적인 관심과 칭찬, 그리고 격려라고 말해준다.

이처럼 칭찬의 힘은 대단한 것입니다. 브레이튼 보웬(Brayton Bowen)은 〈인정과 보상의 기술〉에서 인정의 힘은 당사자와 그가 속한 조직으로 하여금 놀라운 에너지를 내는 데 있다고 하였습니다. 이렇듯 인정과 축하가 가지는 힘은 크게 두 가지로 요약할 수 있습니다.

- 높아진 자존감과 자신감으로 조직의 성공을 위해 더욱 헌신하도록 이끈다.
- 높아진 자존감과 자신감으로 개인적으로 의미 있는 성과를 지속적으로 내도록 이끈다.

(2) 인정과 축하의 종류

코칭에서 인정과 축하의 의미는 아주 큽니다. 그렇다고 해서 특별한 형식이나 방법이 있는 것이 아닙니다. 아주 자연스럽고, 간단할 수 있습니다. 더구나 대부분의 경우, 피드백처럼 일정한 기간이 지닌 후에 하기 보다는 코칭의 전 과정에서 자주 자주 이루어지는 것이 성공적인 코칭으로 귀결될 가능성이 매우 높기 있기 때문입니다. 특히 축하보다 인정의 경우, 특정한 시기에 '한 번만', '해버리는' 것보다는 코칭의 전 과정에서 적절하게 이루어지는 것이 매우 필요합니다.

일반적으로 코칭에서 사용하는 인정기술은 언어와 비언어를 모두 포함하며, 래포형성을 위해 사용한 기술과 기법 등을 모두 포괄합니다(표 8-5 참조).

- 비언어
  - 밝은 표정짓기, 고개 끄덕이기, 엄지척 해 보이기, 손뼉치기
- 언어 – 크게 두 가지로 대별됩니다.
  - 동의(Agreement) : 네, 그렇군요. 충분히 동의합니다. 그렇군요. 그 점은 중요합니다.
  - 격려(Encouragement) : 좋습니다. 계속 하실까요. 그대로 하시면 됩니다. 당신은 할 수 있습니다. 그리고 나는 믿습니다. 좋은 결과가 나올 것입니다.

한편, 축하의 기술은 다른 코칭기술에 비해 대단히 창의적일 수 있으며, 상황에 따라 무척 다양하게 접근할 수 있습니다. 즉 매우 사적(Personal)으로 축하할 수 있으므로 현재의 코치이의 생활방식과 향후의 삶에 대한 정보를 알고 있으면, 훨씬 역동적인 축하가 가능합니다.

(3) 인정과 축하의 자세

다른 코칭기술들과는 다르게 인정과 축하는 서로 간에 기분 좋은 일입니다. 그럼에도 불구하고 자칫하면 인정과 축하가 지닌 힘을 약화시키거나 심한 경우는 아니한 만 못할 수도 있으므로 유의할 필요가 큽니다. 다시 말하면, 인정과 축하에서 가장 핵심이 되는 자세는 진실과 진심을 담아야 한다는 것입니다.

세계적인 대 문호인 셰익스피어의 《햄릿》에서는 "이것이 다른 어떤 것보다 중요하다. 자기 자신에게 진실하라. 그러면 날이 가고, 달이 가도 당신은 누구에게도 거짓되지 않을 것"이라고 말하고 있습니다. 이 말은 코치가 자신에게 진솔할 때, 코치이를 향한 진솔함이 자연스럽게 나타날 수 있음을 의미합니다. 즉 에너자이저로서의 코치가 지닌 힘을 대변해 주는 것입니다.

더욱이 이 진솔함은 코치이를 진심으로 사랑할 때, 더욱 영향력을 발휘할 수 있습니다. 동물에 비유하자면 인간은 큰 고래나 큰 코끼리와 같이 잠재된 큰 힘을 가지고 있습니다. 코칭철학에서 인간은 무한 능력으로, 무한 성취가 가능하며, 따라서 무한 도전하기에 합당한 존재라고 언급한 바 있습니다. 코치가 굳건한 코칭철학에 기반하여 칭찬과 인정기술을 적절히 사용하여 코칭할 때, 코치는 코치이를 고래나 코끼리처럼 춤추게 할 수 있습니다.

> 요약하면 인정과 축하는 대부분의 경우, 사람을 기분 좋게 하며, 더 발전할 수 있도록 응원합니다. 그래서 몸과 마음이 따뜻해집니다. 이러한 맥락에서 이 책에서는 '따뜻한 인정축하기술'로 표현합니다.

COACHING BOX 8-7

긍정적 패러다임 기술

이소희 교수는 칭찬을 하기 위해서는 상대방의 행동을 민감하게 관찰할 수 있는 능력과 긍정적인 패러다임이 중요하다고 하였습니다.

긍정적인 패러다임 갖기 위해서는 언어를 긍정적으로 사용하는 방법을 통해서 습득이 가능합니다. 심리학과 교수인 최인철은 《프레임》이라는 책에서 프레임을 바꾸기 위해서는 필요한 것은 언어를 바꿔 나가는 것이라고 합니다.

그는 매일 사용하는 단어 속에 우리가 얼마나 오래 살 수 있는지에 대한 정보까지 담겨 있다고 하면서, 우리의 마음가짐을 '최고(Best)'의 프레임을 갖는 것에 대해 이야기합니다.

습관적으로 내뱉은 말은 다른 사람들에게 전염성의 위력도 가지고 있기 때문에 항상 긍정의 프레임을 만드는 긍정적인 언어로 말하는 습관을 들여야 한다고 합니다.

5) 피드백 기술

(1) 코칭에서의 피드백의 힘

피드백(feedback)은 문자대로 해석하면 되먹인다는 뜻입니다. 영아양육에서 이유식으로 고형식을 먹이기 시작할 때, 어머니들은 아기의 먹는 모습을 유심히 살핍니다. 만약 아기가 잘 먹지 못하면, 어머니가 당신의 이로 씹어서 되먹입니다. 왜 되먹일까요? 사랑하기 때문입니다.

피드백의 힘은 이러한 모성애를 닮았습니다. 그래서 피드백은 이전보다 더 괄목할 만한 성과를 내도록 이끄는 것입니다. 저명한 코치인 마샬 골드스미스의 연구에 따르면, 자기 자신에게 피드백을 제공한 사람이 있는지, 또 그 피드백에 상응한 조치를 취했는지의 여부가 리더십의 수준을 결정한다고 하였습니다.

> 불가에서는 큰스님들과의 선문답에 의한 수련을 통해서 각(覺)의 경지에 이르는 과정을 거친다고 합니다. 선승(禪僧)이셨던 조주 스님의 일화입니다. 어느 날 작은 스님이 그날 있었던 일로 큰스님과 선문답을 하는 과정이었습니다.
>
> 작은 스님: 스님, 오늘 나무하러 갔다가 비온뒤 개울물이 불어 건너지 못하는 젊은 아녀자를 업어서 건너 주었습니다.
>
> 큰스님: 그래서
>
> 작은 스님: 이미 저는 그 아녀자를 잊었습니다.
>
> 그러자 큰스님께서는 작은 스님의 말이 끝나기가 무섭게 죽비를 후려치는 듯한 자세로 일갈하셨습니다. 무슨 말씀을 하셨을까요? 작은 스님이 업어서 개울가를 건네준 젊은 아녀자를 그때까지도 잊지 못한 것을 깨우쳐 주셨다고 합니다.

이와 같이 피드백은 자신을 돌아보게 할 뿐 아니라, 그 경험을 거울삼아 바르게 앞으로 나아가게 합니다. 피드백의 힘은 세 가지로 요약됩니다.

- 이미 잘한 행동과 성과를 더 잘할 수 있도록 촉진한다.
- 부족한 점을 개선하고, 원하는 좋은 성과를 내도록 이끈다.
- 다른 사람의 언행과 성과에 대해 피드백할 수 있는 힘과 태도를 기른다.

COACHING BOX 8-8

피드백 기술

노먼 빈센트 필(Norman Vincent Peale)은 '긍정적 사고'의 창시자이며, 저명한 저술가이자 세계적인 연설가입니다. 그의 책 《믿는 만큼 이루어진다, You Can if You Think You Can》에서 이렇게 쓰고 있습니다.

스스로 어떤 재주도 없다고 평가하곤 했습니다. 머리도 좋지 않고, 성격도 좋지 않습니다. 내성적이고, 겁도 많고 수줍음도 탑니다. 대학 졸업식 전날 밤, 나는 남학생 사교 클럽에서 진행하는 졸업식 기념 식사에 갔는데, 대학 총장님도 특별 손님으로 그 자리에 함께 했습니다. 존 W. 호프만 박사님은 남자 중의 남자였습니다. 왕년에 풋볼 스타였던 그는 매력적이고 적극적인 성격에 건장한 체력의 소유자였습니다. 그는 사람을 철두철미하게 파악했고, 날카로운 통찰력으로 사람들의 장점과 약점을 읽을 줄 알았습니다. 그리고 이 모든 것을 넘어 큰 사랑을 품고 있는 넓은 가슴을 지닌 사람이었습니다. 저녁 식사가 끝나자 호프만 박사님은 나에게 이렇게 말씀하셨습니다.

"노먼, 집까지 같이 걸어갈까?" 집앞에 도착했을 때, 그는 잠시 머뭇거리더니 내 어깨에 손을 올렸습니다. "자네, 그거 아나? 난 자네를 믿어. 남다른 소질이 있어. 드러낼 방법만 안다면 말이지. 난 자네가 훌륭한 대중 연설가가 될 거라 생각한다네. 하지만 자신을 믿을 수 있어야 해. 열등의식이나 자기 회의에 빠질 필요가 없지. 누구도, 그 어떤 것도, 그리고 자네 자신도 두려워 하지 말게. 사랑하네, 이 친구야. 언제까지나 믿는다. 두려워할 것은 하나도 없어. 그러니까 정말 잘 살아 봐…."

기숙사로 돌아오는 길, 나는 마치 구름 위를 걷는 것만 같았습니다. 내가 존경해 마지않는 분이 나를 믿으신다니! 그 순간 나는 아무것도 두렵지 않았고, 부끄럽지 않았습니다. 바로 그때부터인 것 같습니다. 나의 새로운 인생의 출발이 시작된 것입니다.

피드백을 한다는 것은 상대방이 한 행동에 대하여 나의 심정을 털어놓는 것이 아니라, 그 사람을 도와주는 기회를 가지는 것이다.

- 리처드 윌리암스 -

(2) 피드백의 종류

코칭에서 피드백은 코칭모델처럼, 피드백의 의미를 담은 특정한 용어를 활용하여 이니셜로 접근하고 있습니다.

<표 8-11 피드백의 종류>

<table>
<tr><th colspan="2">AID</th><th colspan="2">FIT</th></tr>
<tr><td colspan="2">뜻 : 지원, 원조 - 돕다</td><td colspan="2">뜻 : 적합, - 맞다</td></tr>
<tr><td>A</td><td>A (Action-행동)
사람이 아닌, 구체적인 행동을 평가한다.
• 비판: 네 주제에 뭘 제대로 할 수 있겠어.
• 발전적 피드백: 제출안은 작년 것과 차이가 적네요.</td><td>F</td><td>F (Fact-사실)
사실을 그대로 살펴본다.</td></tr>
<tr><td>I</td><td>I (Impact-영향)
특정 행동이 미치는 영향에 대해 표현한다.
• 비판: 아직도 요 수준밖에 할 수 없나?
• 발전적 피드백: 이런 식으로 진행하면, 어떤 결과가 나겠나?</td><td>I</td><td>I (Impact-영향)
그 사실이 발생시킬 영향에 대해 살펴본다.</td></tr>
<tr><td>D</td><td>D (Desired outcome -바람직한 결과)
바라는 행동에 대해 구체적으로 말한다.
• 비판: 제발 이제는 알아서 했으면 좋겠어.
• 발전적 피드백: 최근의 동향을 파악해 보면 좋을 것 같아.</td><td>T</td><td>T (Target-목표)
영향을 극복할 수 있는 목표를 설정한다.</td></tr>
</table>

(3) 피드백의 자세

피드백을 함에 있어서 가장 중요한 핵심은 '사람' 자체에 대한 피드백이 아니라, 언행의 결과에 대한 평가여야 한다는 것입니다. 따라서 피드백을 할 경우, 다음 7가지 점에 유의해야 한다고 보고 있습니다.

- 그 사람을 부리거나 다루려고 하지 말고, 도움을 주려고 생각해야 한다.
- 판단하거나 평가하기보다는, 지켜본 언행과 그 영향에 대해 말한다.
- 진실하고 솔직하게 말한다. 신뢰와 존경을 구축하도록 마음을 쓴다.
- 부정적으로 덮어 씌우려고 하지 말고 남을 탓하지 말아야 한다.
- "내 생각에는 …"이라는 말로 주관적 견해임을 이해시킨다.
- 그 즉시, 혹은 가능한 한 빠른 시간 내에 전달한다.
- 상호학습을 위해 격려한다.

> 요약하면 피드백은 이전보다는 더 나은 성과를 낼 수 있어야 합니다. 그래서 이 책에서는 '유익한 피드백기술'로 표현합니다.

행복한 성공을 향해 길 떠나는 마차

비법(秘法), 비술(祕術) 등의 말을 주변에서 자주 듣습니다.
남녀노소, 빈부격차를 막론하고 사람들은 그 나름대로 특별한 기술을 가지고 있습니다.

여러분이 인간관계에서 사용하면 특별히 효과가 있을 것으로 생각되는 기술은 무엇입니까?

멋진 코치는 코칭철학을 사랑합니다.

Chapter 09

코칭 스타일

"당장 나가서 코칭하라."

\- 토마스 밴디 -

하워드 모건(Haward Morgan)과 그의 동료들은 리더십 계발 및 경영자 코칭 분야에서 세계적으로 두각을 나타내고 있는 최고의 전문가입니다. 이들은 조직개발에서 세계적인 링키지(Linkage.Inc)사와의 협력으로 리더 · 행동주의코칭, 커리어 · 라이프코칭, 리더십계발코칭, 조직변화코칭, 전략코칭의 다섯 가지 분야에서 Top 50명의 코치를 선정하여 《리더십 코칭 50》이라는 책을 펴냈습니다. 이 책에서 제시되는 내용은 블루오션을 지향하는 오늘의 사회에서 매우 창의적인 벤치마킹의 효과를 얻을 수 있도록 해줍니다.

특히 이들은 최고의 코칭에서 사용해야 할 코칭기법과 진단도구인 툴(tool)의 중요성을 피력하고 있는데, 크게 세 가지로 요약할 수 있습니다.

- 통찰력과 관점을 평가할 수 있는 입증된 진단도구를 사용해야 합니다.
- 행동상의 변화와 그것이 업무 수행에 미치는 영향을 명확하게 측정할 수 있는 진단도구를 사용해야 합니다.
- 코칭이 적재적소에 이루어지도록 적절한 진단도구와 기법을 사용해야 합니다.

코칭계에서는 더욱 효과적인 코칭을 실시하고자 코치이와 코치의 특성, 상태, 스타일을 측정하는 도구를 개발하는데 박차를 가하고 있습니다. 그리고 이러한 도구를 코칭대화모델과 통합시키는 노력도 경주하고 있습니다. 예를 들면 MBTI, 에니어그램 등의 성격진단용 도구와 행동유형 및 코칭스타일을 분석하는 데 유용한 DISC, PCSI 등이 있습니다.

> 당신의 최고의 코치가 되고 싶습니까?
> 어떠한 도구를 사용하면 가능할 것 같습니까?

코칭의 효과는 코치의 통찰에 의해 큰 영향을 받습니다. 왜냐하면 코치이로부터 '아하'라는 깨달음을 줄 수 있어야 하기 때문입니다. 동시에 코칭의 효과는 코치이의 상태를 확인할 수 있는 과학적인 도구로부터도 큰 영향을 받습니다. 따라서 탁월한 코치는 자신의 성찰과 함께 각종의 유용한 코칭도구 사용을 통해 코칭의 과학화를 앞당기는 노력을 경주해야 합니다.

'코칭스타일'은 주로 코치가 코치이를 대상으로 코칭할 때 나타나는 일관된 특성을 주로 말합니다만, 코치이의 특성을 말할 때도 사용됩니다. 코칭스타일이 코칭에서 갖는 의의는 코치 자신과 다른 코치 및 코치이들의 코칭스타일을 알면 코칭의 효과를 한층 더 제고하는 노력을 기울일 수 있다는 것입니다. 즉 코칭스타일에 대한 이해는 코칭효과를 더욱 높일 수 있는 바탕을 제공합니다.

현재까지 코칭스타일을 파악할 수 있는 도구를 주로 코칭기업에서 개발하여 사용하고 있는 편입니다만 관점은 거의 대동소이합니다. 물론 이러한 도구를 사용하려면 그 기업체의 허락을 받아야만 사용할 수 있습니다.

한편 코칭을 하기 위해 굳이 코칭스타일을 파악하기 위한 도구만을 사용해야 되는 것은 아닙니다. 심리학에서 유용하게 사용되는 여러 가지 검사도구를 코칭의 목표와 코치이의 특성에 따라 해석하여 다양하게 활용할 수 있으며, 이것은 코치의 역량에 관계됩니다.

1. DISC

DISC(Dominance, Influence, Steadiness, Conscientiousness)는 코칭스타일의 파악을 위해 제작된 것은 아닙니다만, 행동특성을 파악하는데 유용하므로 전 세계적으로 사용빈도가 매우 높습니다. 여러 코칭기업에서는 이러한 DISC의 강점을 원용하여 그들의 코칭프로그램에 적합한 코칭스타일검사로 재구성하여 사용하는 경우가 많습니다.

1) DISC의 특성

DISC행동유형은 인간이 환경을 어떻게 인식하고, 그 환경에서 자기 개인의 힘을 어떻게 인식하는지를 4가지 유형으로 분류하고 있습니다.

- Dominance(주도형)은 활기차고, 도전을 받아들이며 뚜렷한 성과를 내며 지도력이 있다.
- Influence(사교형)은 사람과 만나고, 그룹에 참여하는 것을 즐기며, 타인의 동기유발을 시키는 것이 특징이다.
- Steadiness(안정형)은 안정적인 직무를 수행하고, 타인을 배려하고, 협력하는 행동을 보여준다.
- Conscientiousness(신중형)은 세부사항에 대하여 민감하며, 상황을 분석하여 위험요인을 잘 파악하는 것이 특징이다.

2) DISC의 장점

이와 같이 DISC를 이해하는 것은 두 가지 큰 장점이 있습니다.

- 매우 단순명료하여 사용하기가 쉽다.
- 사람들의 의사소통 스타일을 일목요연하게 파악할 수 있다.

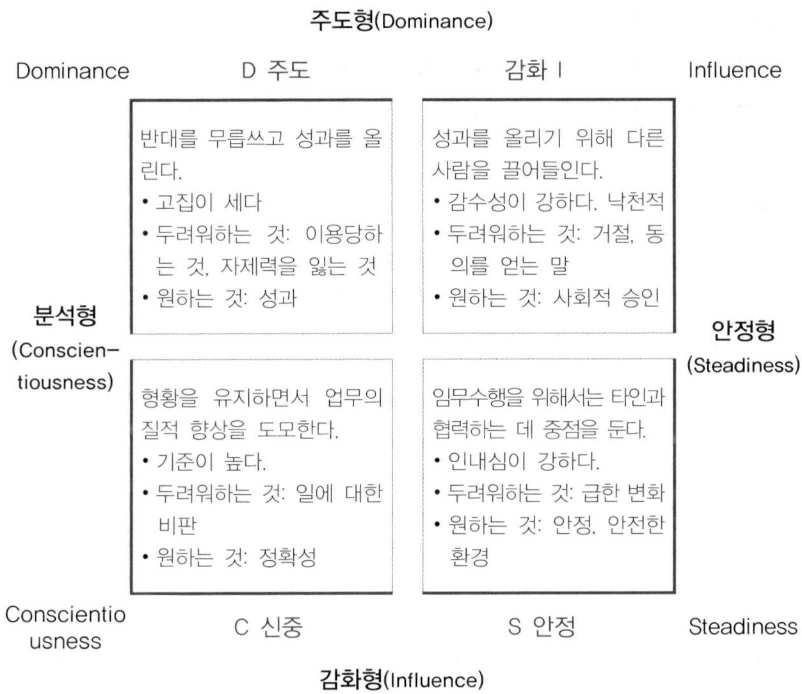

<DISC행동유형>

COACHING BOX 9-1

DISC의 적용

코칭을 할 때 DISC의 이해는 코치이가 환경에 적응하는 표면적인 행동방식을 이해하도록 도울 수 있습니다.

- Dominance(주도형)인 코치이에게 행동방식으로 인하여 주도적이고 목표지향적인 특성으로 인하여 환경의 적응에 도움이 되는 점과, 반면에 이로 인하여 예상하지 못한 결과를 얻게 되는 경험을 자각할 수 있도록 도울 수 있습니다.
- Influence(사교형)의 코치이의 행동방식은 그룹에 적응하는 것이 중요하다고 생각하기 때문에 사람들로 인하여 스트레스가 하고자 하는 일에 영향을 미칠 수 있다는 것을 인지할 수 있도록 도울 필요가 있습니다.
- Steadiness(안정형)의 코치이는 변화하는 것을 두려워 하고, 팀지향적이며 정해진 방식을 고수함으로써 자신이 이루고자 하는 목표에 도달하는데 강점과 약점을 파악하는데 통찰을 줄 수 있습니다.
- Conscientiousness(신중형)의 코치이는 과업지향적이고 세부적인 일에 에너지를 많이 사용하여 정확하고 실수가 없지만 목표를 달성하는데, 추진력이 부족할 수 있는 장점과 약점을 파악할 수 있습니다.

주도형은 반대를 무릅쓰고 성과를 올리며, 사교형은 성과를 올리기 위해 다른 사람을 끌어들이며, 안정형은 업무의 수행을 위해 타인과 협력하는데 중점을 두며, 신중형은 현상을 유지하면서 업무의 질적 향상을 도모합니다.

2. MBTI

MBTI(Myers-Briggs Type Indicator)는 C. G. Jung의 심리유형론을 근거로 하여 Katharine Cook Briggs와 Isabel Briggs Myers가 인간행동의 다양성은 개인이 인식(Perception)하고 판단(Judgement)하는 특징에 따라 다르다고 보았습니다. 인식이란 어떠한 일이나 그 일이 일어난 것에 대해 깨닫게 되는 다양한 방법을 가리키는 것으로 정보의 수집, 감각, 자극의 선택 등을 의미합니다. 판단은 인식한 내용을 바탕으로 하여 결론에 도달하는 모든 방법을 일컫는 것입니다.

1) 외향성-내향성(Extroversion-Introversion)

외향성과 내향성은 인식과 판단이 주로 외부세계로 향하는가 아니면 주로 내부세계로 향하는가에 따라 결정됩니다. 이를 에너지의 흐름이라고 말하기도 합니다. 외향성은 주로 외부세계로 나아가려고 하기 때문에 자신 바깥의 사람이나 사물에 대해 자기 인식과 판단을 사용하려는 경향이 강합니다. 반면에 내향형은 외부에 대한 관심에서 벗어나 주로 자기 내부세계로 향하려고 하기 때문에 자신의 마음 속 개념이나 아이디어에 인식과 판단을 사용하려는 경향을 보입니다.

2) 감각-직관(Sensing-iNtuition)

감각과 직관은 정보를 받아들이는 인식과 판단에 있어서 어떤 종류의 인식방식을 선호하는가를 나타내는 지표입니다. 감각적

(S) 인식은 주로 감각을 통해 인식하려는 경향을 의미하여 오관을 통해 관찰 가능한 사실이나 사건을 받아들이는 경향이 있습니다. 직관적(N) 인식은 감각보다는 덜 분명한 직관을 통해 인식하는 경향을 의미하며 어떤 사실이나 사건의 이면에 숨겨진 의미나 관계 또는 맥락을 더 잘 받아들이는 것을 의미합니다.

3) 사고-감정(Thinking-Feeling)

사고와 감정은 의사결정을 내릴 때 어떤 판단을 하는지에 대한 지표가 됩니다. 사고(T) 판단을 하는 사람은 인정에 이끌리지 않고 주로 냉철한 사고를 통해 얻는 논리적인 결과를 바탕으로 결정하려고 합니다. 반면에 감정(F) 판단을 하는 사람은 주로 개인적 또는 사회적 가치를 바탕으로 한 감정에 더 큰 비중을 두고 의사결정을 하려는 경향을 가지고 있습니다.

4) 판단-인식(Judging-Perceiving)

판단과 인식은 외부세계에서 보여주는 생활 패턴 태도를 보여줍니다. 판단적(J) 태도를 선호하는 사람은 외부세계에 대처해 나갈 때 판단과정을 주로 사용하며 어떤 결정을 내릴 만큼의 정보를 얻었다 싶으면 되도록 빨리 결론에 도달하려고 합니다. 하지만 인식적(P) 태도를 선호하는 사람은 외부세계에 대처해 나갈 때 인식과정을 주로 사용하며 호기심이 많고 적응력이 높으며 주어지는 정보를 모두 받아들이는 특성을 보입니다.

선호지표	외향형(Extroversion)	내향형(Introversion)
설명	• 폭넓은 대인관계를 유지하며 사교적이며 정열적이고 활동적이다.	• 깊이 있는 대인관계를 유지하고 조용하고 신중하며 이해한 다음에 경험한다.
대표적 표현	• 자기 외부에 주의집중 • 외부 활동과 적극성 • 정열적, 활동적 • 말로 표현 • 경험한 다음에 이해 • 쉽게 알려짐	• 자기 내부에 주의집중 • 내부 활동과 집중력 • 조용하고 신중 • 글로 표현 • 이해한 다음에 경험 • 서서히 알려짐

선호지표	감각형(Sensing)	직관형(iNtuition)
설명	• 오감에 의존하여 실제 경험을 중시하며, 지금, 현재에 초점을 맞추고 정확, 철저히 일처리를 한다.	• 육감 내지 영감에 의존하며 미래지향적이고 가능성과 의미를 추구하며 신속, 비약적으로 일처리를 한다.
대표적 표현	• 지금, 현재에 초점 • 실제 경험 • 정확, 철저한 일처리 • 사실적 사건 묘사 • 나무를 보려는 경향 • 가꾸고 추수함	• 미래 가능성에 초점 • 아이디어 • 신속 • 비약적인 일처리 • 비유적, 암시적 묘사 • 숲을 보려는 경향

선호지표	사고형(Thinking)	감정형(Feeling)
설명	• 진실과 사실에 주 관심을 갖고 논리적이고 분석적이며 객관적으로 판단한다.	• 사람과 관계에 주 관심을 갖고 상황적이며 정상을 참작한 설명을 한다.
대표적 표현	• 진실, 사실에 주 관심 • 원리와 원칙 • 논거, 분석적 • 맞다, 틀리다 • 규범, 기준 중시 • 지적 논평	• 사람, 관계에 주 관심 • 의미와 영향 • 상황적, 포괄적 • 좋다, 나쁘다 • 나에게 주는 의미 중시 • 우호적 협조

선호지표	판단형(Judging)	인식형(Perceiving)
설명	• 분명한 목적과 방향이 있으며 기한을 엄수하고 철저히 계획하고 체계적이다.	• 목적과 방향은 변화 가능하고 상황에 따라 일정이 달라지며 자율적이고 융통성이 있다.
대표적 표현	• 정리정돈과 계획 • 의지적 추진 • 신속한 결론 • 통제와 조정 • 분명한 목적의식과 방향감각 • 뚜렷한 기준과 자기의사	• 상황에 맞추는 개방성 • 이해로 수용 • 유유자적한 과정 • 융통과 적응 • 목적과 방향은 변화할 수 있다는 개방성 • 재량에 따라 처리될 수 있는 포용성

출처: https://www.mbti.co.kr/

이상의 4가지 지표(EI, SN, TF, JP)마다 서로 양극을 이루는 선호경향이 있고, 이러한 선호경향은 각각 어느 방향으로 사용하기를 좋아하는가를 가리킵니다. MBTI검사에서는 이와 같은 4가지 지표의 조합 여하에 따라 사람들의 성격을 16가지 유형으로 분류합니다.

COACHING BOX 9-2

MBTI의 적용

- 코칭 시 코치로서의 MBTI 강점은 무엇인가요?

- 고객과 코칭 시 관계 시 어떤 강점이 있나요?

- 고객의 MBTI의 유형을 알 때 어떤 점을 활용하고자 하나요?

MBTI가 코칭에 활용될 때 위의 영역과 유사하게 활용될 수 있습니다.

특히, MBTI는 관계 속에서 보이는 역동을 이해하는데 도움을 주기 때문에, 코치가 고객과 상호작용하는 과정 속에서 나타날 수 있는 특성을 파악하는 데 이해의 폭을 넓힐 수 있습니다.

3. 에니어그램

에니어그램은 2500년이 넘은 고대의 지혜로서 인간의 성격유형을 아홉 가지로 구분하고 있는데, 최근 들어서 코칭의 효과성을 극대화하기 위한 도구로 사용되고 있으며, 점점 그 탁월성을 인정받고 있습니다. 왜냐하면 에니어그램의 체계를 이루는 구성요소인 세 가지 중심 에너지와 날개와 화살 및 해피포인트와 스트레스포인트 등은 사람마다 다르므로, 이는 코칭스타일과 유사한 기능을 한다고 볼 수 있기 때문입니다. 따라서 에니어그램이 코칭도구의 역할을 한다고 볼 수 있으며, 코칭모델과 통합하면 더 코칭효과를 올릴 수 있습니다.

이를 고려하여 이소희도 코칭모델에서 언급한 바와 같이 부모와 교사를 대상으로 에니어그램에 기반한 코칭을 시도하고 있습니다.

<에니어그램 상징>

한편 진저 래피드 보그다(Ginger Lapid Bodga)는 5단계의 코칭모델을 제안한 다음, 이 코칭모형을 에니어그램과 통합을 시도하였습니다. 특히 모든 에니어그램 유형에는 고유의 패러독스가 있다고 보고, 자기 유형의 패러독스가 자신들의 삶 속에서 어떻게 작동해 왔으며, 이 패러독스를 어떤 때에 경험하게 되며, 어떤 결과들을 가져왔는지를 중심으로 한 코칭을 제안하였습니다.

다른 한편 로사네 호위(Roxanne Howe) 역시 에니어그램을 바탕으로 하되, 빙산모델에 기반한 행동중심으로 접근하여 코칭하고 있습니다. 즉 위축형(9, 4, 5번), 주장형(3, 7, 8번), 충성형(1, 2, 6번)으로 구분하여 코칭방법을 제안하였습니다.

COACHING BOX 9-3

에니어그램 기도

돈 리처드 리소(Don Richard Riso)는 에니어그램 각 유형별로 가지는 강점과 약점을 갈파한 다음, 약점은 내려놓고, 강점은 강화할 것을 선언한 책 《에니어그램 활용, 나의 성격변형을 위한 내려놓음과 선언》을 썼습니다.

유형	내려놓음	선언함
1	너무 엄격한 기준으로 나와 타인을 구속하는 것을	타인에게 너그럽고 관대할 것을
2	다른 사람이 나를 사랑하게 만들려는 의도를	아무 조건 없이 다른 사람을 사랑할 것을
3	나의 실수와 부족함을 감춰야 한다는 생각을	두려움 없이 나의 참 모습을 보여줄 수 있음을
4	나 자신이 부적당하며 부족하다는 느낌을	나 자신을 사랑하고 부드럽게 대할 것을
5	다른 삶을 거절함으로써 나 자신을 소외시키는 것을	전심을 다해 다른 사람을 지지하고 후원할 것을
6	미래에 대한 심한 공포를	안심하며 무슨 일이든 최선을 다할 수 있음을
7	욕망을 채우기 위해 나 자신을 소진시키는 일을	일상적인 것에서 만족할 수 있음을
8	내 삶의 모든 분노와 격정을	내게 부드러운 감정과 선한 충동이 있음을
9	나 자신의 공격성을 직시하지 않고 회피하는 것을	나 자신에게 강력한 치유의 힘이 있음을

코칭은 약점의 해결을 하기보다 강점을 강화하는 접근을 합니다. 따라서 개개인의 인간이 자신의 성격유형을 잘 알면, 약점을 일단 내려놓고, 강점의 강화를 선언하는 것이 코칭적입니다.

여러분의 에니어그램 성격적 특성은 어떠합니까?
무엇을 내려놓고 싶습니까? 무엇을 선언하고 싶습니까?

1) 에니어비전 코칭프로그램에서의 코칭 툴 킷

이소희는 리더를 키우기 위한 에니어비전 코칭프로그램에서 삶의 수레바퀴와 유사한 맥락에서 〈자전거 여행〉을 제시하고 있으며, 이 자전거 여행의 배경에 대해 다음과 같이 언급하고 있습니다. 즉 우리는 살아 숨쉬는 동안 의미 있는 목표를 향해 달려가야 한다는 것이며, 이 과정에는 나 혼자서 달려만 가는 것이 아니며, 주변에 있는 사람들과 함께 가야 한다는 것입니다. 이때, 다른 사람이 나의 코치가 될 수도 있지만, 나도 다른 사람의 코치가 될 수 있다는 것입니다. 서로가 상호의존하고, 지지하면서 나아가야 한다는 것입니다. 처음에는 좀 비틀거릴지라도 삶의 목표와 의미가 뚜렷하면 사랑과 믿음과 소망을 가지고 연습에 연습을 거듭하며 달려갈 수 있다는 것입니다. 그리고 이때 사람들이 지니고 있는 고유의 에니어그램의 아홉 가지 성격유형을 고려하면 더욱 더 윈윈 시너지를 낼 수 있다고 말합니다. 물론 이 자전거 바퀴는 각자가 생각하는 의미 있는 영역으로 채울 수 있습니다.

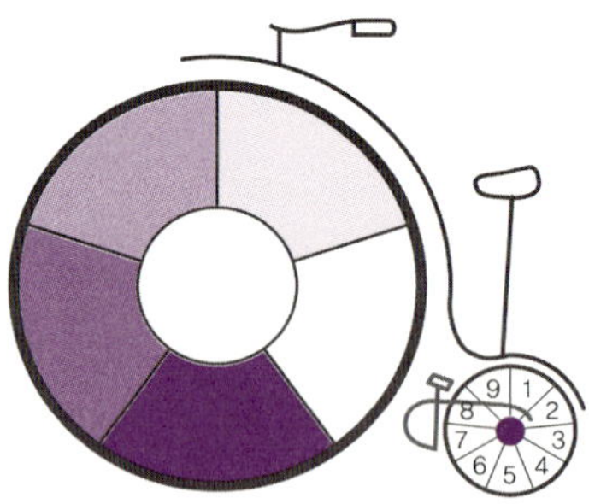

〈에니어그램에 기반한 자전거 여행〉

2) 에니어그램 프로파일

이소희의 비전코칭은 에니어그램을 기반으로 하고 있으므로, 각자의 에니어그램 핵심 유형을 파악한 다음, 그 결과에 기초하여 코칭을 하도록 구성되어 있습니다. 즉 핵심 유형과 좌우 날개, 그리고 해피포인트와 스트레스포인트라는 다섯 가지 구성요소를 중심으로 합니다. 물론 이 핵심 유형은 각각 개인이 머리 - 가슴 - 배의 어느 중심에서 주로 에너지를 발휘하는지를 알 수 있으므로 이에 따라서도 코칭이 이루어집니다.

〈에니어그램 프로파일〉

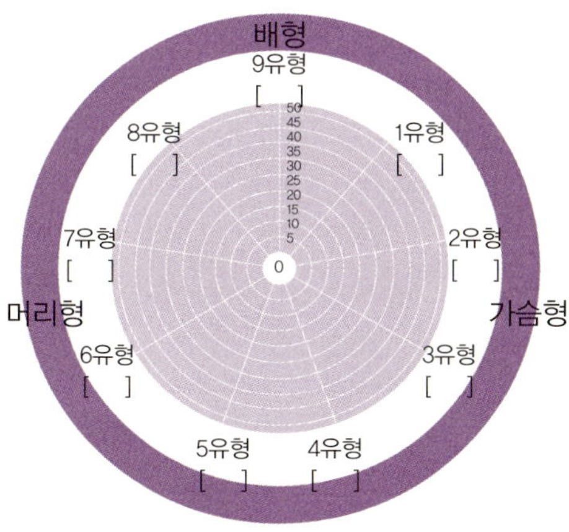

〈핵심 유형을 기본으로 한 에니어그램 성격 차원들〉

COACHING BOX 9-4

에니어그램 적용

〈나는 어떤 사람인가요?〉

"열 길 물속은 알아도 한 길 사람 속은 알기 어렵다"라는 우리 속담처럼 사람을 제대로 안다는 것은 무척 어렵다. 이 어려움은 물론 우리 '자신'에게도 적용된다. 그래서 일찍이 소크라테스는 "너 자신을 알라"라고 갈파했던 것이다. 또한 사람을 일컬어 '사회적 동물'이라고 한다. 이 말이 시사하는 것은 무릇 사람은 혼자 살 수 없다는 것이다. 자기 자신을 포함하여 '사람'을 알 수 있는 방법은 여러 가지이지만, 이 강의에서는 '성격'을 통한 접근방법을 시도한다. 그 중에서도 고대의 지혜와 현대의 심리학이 만나 과학적으로 개발된 에니어그램 검사지를 활용하여 자신의 성격적 유형을 먼저 파악하도록 한다. 그리고 파악된 성격 유형에 따른 일반적인 특성, 독특한 강점과 약점, 날개 유형이 지니는 특성 및 성장과 후퇴 방향에 대해 알아볼 수 있다.

〈그들은 어떤 사람인가요?〉

죽음의 수용소라고 불렸던 아우슈비츠와 같은 극한 상황에서도 살아남았던 사람들은 한결같이 남다른 삶의 의미를 지니고 있었으며, 그 삶의 의미는 '사랑하는 사람과 함께 사는 것'과 '자신이 하고 싶은 일을 하고 사는 것'으로 요약되었다. 이와 같이 사랑하는 사람과 사랑하는 일을 하며 의미 있게 살기 위해서는 자신에게 매우 의미 있는 '그들'의 성격과 삶의 방식을 파악하는 것이 필요하므로, 이 강의에서는 자신의 성격적 특성을 파악하기 위해 활용했던 에니어그램 성격검사의 프로파일을 통한 접근방법을 시도한다.

출처: 이소희 (2012). 에니어그램리더십과 성격코칭.

에니어그램은 코치와 고객의 보다 깊이 있는 성격적 특성을 이해할 수 있도록 도움을 주기 때문에, 이들의 삶의 가치와 동기를 파악하는 적용될 수 있습니다.
또한 에니어그램은 리더십 강점을 파악할 수 있는 방법을 구체적으로 알려줍니다.

에니어그램 성격유형별 리더십 강점

5	객관성
6	통찰과 계획
7	혁신과 유연성
2	동기부여와 타인서비스
3	성과 달성
4	열정 추구
8	큰 일의 성취
9	포용과 합의
1	탁월성의 추구

"살아 있는 것은 그 어떤 것도 하나가 아닙니다.
살아 있는 것은 항상 다수입니다."

- 요한 볼프강 폰 괴테 -

참고문헌

게리 콜린스 지음. 정동섭 옮김(2004). 크리스천코칭. 서울: IVP.

김농주(2003). 커리어코칭. 서울: 새로운사람들.

노만 빈센트 필 지음. 노지양 옮김(2003). 믿는 만큼 이루어진다. 서울: 21세기 북스.

니키 · 넨시 스티넷 외 지음. 제석봉 · 박정 옮김(2004). 환상적인 가족만들기. 서울: 학지사.

다케다 고이치 지음. 심교준 옮김(2003). 팀심리코칭. 서울: 한언.

도로시 리즈 지음. 노혜숙 옮김(2000). 질문의 7가지 힘. 서울: 더난.

도미향 외(2021). 전문코치를 위한 ICF 8가지 코칭핵심역량. 서울: 신정.

도미향 외(2023). 최신 코칭학개론. 서울: 신정.

로베르트 비스바스 디너 · 벤 딘 지음. 서희연 옮김(2009). 긍정심리 코칭. 서울: 아시아코칭센터.

루이스 V. 거스너 Jr. 지음. 이무열 옮김(2003). 코끼리를 춤추게 하라. 서울: 북앤북스.

류재미(1995). 엄마는 힘이 세다. 서울: 차림.

린다 돕슨 지음. 김희정 옮김(2005). 러닝코치. 서울: 동인.

마샬 쿡 지음. 서천석 옮김(2003). 코칭의 기술. 서울: 지식공작소.

마커스 버킹엄, 도날드 클리프턴 지음(2001). 위대한 발견 강점혁명. 박정숙 옮김. 서울: 청림출판.

마틴 셀리그만 지음. 김인자 옮김(2004). 긍정심리학. 경기: 물푸레.

맥스 린드버그 지음. 김명렬 옮김(2003). 코칭경영의 도. 서울: 푸른솔.

맥스웰 몰츠 지음. 공병호 옮김(2003). 성공의 법칙. 서울: 비즈니스북스.

미셸 보바 지음. 이소희 외 옮김(2006). 우리 아이 어떤 재능이 있을까. 서울: 한언.

스즈키 요시유키 지음. 이태복 편역(2001). 코칭? 코칭? 코칭?. 서울: 느낌이 있는 나무.

스캇 펙 M., 지음. 신승철 · 이종만 옮김(2009). 아직도 가야할 길. 서울: 열음사.

아베 마사이(2006). 내 아이를 변화시키는 최고의 대화기술. 서울: 대교출판.

안윤식(2006). 성취의 기술. 서울: 브니엘.
양승희 (2019). 대학생의 DISC 행동유형에 따른 스트레스 지각, 대처, 대인관계 만족도에 관한 연구. 스트레스학회지, 27(4), 422-430.
에노모토 히데타케 지음. 황소연 옮김(2004). 마법의 코칭. 서울: 새로운제안.
에드워드 드 보노 지음. 송경근 옮김(2002). 행동이 척척 여섯 색깔 신발. 서울: 한언.
에드워드 드 보노 지음. 정대서 옮김(2004). 생각이 솔솔 여섯 색깔 모자. 서울: 한언.
요셉 오코너, 안드레 라지스 지음. 심교준 · 조선경 역(2005). NLP 코칭. 서울: 해와 달.
요셉 유미디, 랜스 웰나우(2005). 변화와 성장의 에너지, 코칭. 경기: NCD.
요시다 틴세이 지음. 정유진 옮김(2003). 마흔 이후 인생을 당당하게 만드는 99가지 코칭법. 서울: 눈과마음.
이소희(2009). 매일 멋진 사람들. 한국영리더십센터.
이소희(2022). Holy-Holy 9 코칭프로그램. 한국영리더십센터.
이소희, 길영환, 도미향, 김혜연(2014). 코칭학 개론. 서울: 신정.
이소희, 서우경(2007). 부모교육에서의 코칭접근의 효과. 한국부모교육학회 추계학술대회 자료집.
이송이(2020). 에니어그램을 알면 진짜 내가 보인다. 서울: 정민사.
이희경(2006). 코칭입문. 서울: 교보문고.
조현제 외(2005). 이익 없는 기업은 사회악이다. 서울: 키와채.
존 맥스웰 지음. 이용석 옮김(2005). 자기경영의 법칙. 서울: 요단.
존 맥스웰 지음. 채천석 옮김(2002). 리더십 101. 서울: 청우.
진저 래피드 보그다 지음. 김환영 옮김(2007). 리더십, 성격이 결정한다. 서울: 비즈니스북스.
짐 콜린스, 윌리엄 레지어 지음. 임정재 옮김(2002). 짐 콜린스의 경영전략. 서울: 위즈덤하우스.
최인철(2017). 프레임: 나를 바꾸는 심리학의 지혜. 서울: 21세기북스.
캔 블랜챠드 지음. 조천제 옮김(2002). 칭찬은 고래도 춤춘다. 서울: 21세기북스.
탈 벤 샤하르 지음. 노혜숙 옮김(2007). 해피어. 서울: 위즈덤하우스.
토마스 G. 크레인 지음. 김환영 외 옮김(2006). 코칭의 핵심. 서울: 예토.
팀돌핀 편. 심교준 · 이소희 역(2005). 부모와 자녀를 사랑으로 묶는 끈 NLP. 서울: 신정.

팀돌핀 편. 이소희 · 심교준 역(2005). 우리 아이 속에 잠든 거인을 깨우는 NLP. 서울: 신정.

하바드 경영대학원 지음. 김정태 외 옮김(2005). 코칭과 멘토링. 서울: 웅진윙스.

하워드 모건 · 필 하킨스와 마셜 골드스미스 지음. 홍의숙 · 이희경 옮김(2005). 리더십 코칭. 서울: 거름.

한국코칭센터(2005). 코칭 클리닉 매뉴얼 자료.

혼다 카쯔지, 이시카와 요오 지음. 송원재 옮김(2002). 알기 쉬운 비즈니스 코칭. 서울: 새로운사람들.

홍석기(2004). 최단기간에 목표를 달성하는 38가지 방법. 서울: 원앤원북스.

Andrew, J. D. (2005). Coaching and Mentoring Skills. Pearson Prentice Hall.

Carol Carter, Gary Izumo, Joe Martin. (2004). Stop Parenting Start Coaching. Lifebound.

Curly Martin. (2004). The Life Coaching Handbook. Crown House Publishing.

David L. Dotlich, Peter C. C. (1999). Action Coaching. Jossey–Bass.

Diana Haskins (2005). Parent as coach. White Oak Publishing.

Hudson, M. H. (1999). The Handbook of Coaching. Jossey–Bass Publishers.

Joseph, J. L. (2007). Self–Coaching. John Wiley & Sons. Inc.

Lucy West, Fritz C. S. (2003). Content–Focused Coaching. Univ. Pittsburgh.

Marston, W. M. (1979). Emotion of Normal People. Minneapolis: Persona Press, Inc.

찾아보기

ㄱ

감각 / 221
감정 / 222
감정이입하기 / 197
강점 / 37
경쟁(Competition) / 17
경청 / 196
공감적 경청 / 197
과정(process) / 180
관계코칭 / 120
국제코칭연맹(International Coaching Federation: ICF) / 64
국제코칭협의회(International Coaching Council: ICC) / 65
국제코칭협회(International Association of Coaching: IAC) / 65
긍정심리학 / 174
긍정적 의도(Positive Intention) / 164

ㄴ

내향성 / 221

ㄷ

대화(communication) / 23
대화기술 / 84
도전(Challenge) / 21

ㄹ

라이프코칭(Life Coaching) / 59, 115
래포(rapport) / 192

ㅁ

마차 / 58
매슬로(Maslow) / 99
멘토코칭 / 134
명코치 / 143
모델(Model) / 171
목표 / 161
몰입(flow) / 43
무한 능력 / 96
무한 도전 / 98
무한 성취 / 97

ㅂ

반영적 경청 / 197
반영하기 / 198

발달코칭 / 115, 118
배경 / 103
변화(Change) / 14
비대면 플랫폼 / 14
비전(Vision) / 31, 177
비즈니스코칭(Business Coaching) / 122

ㅅ

사고 / 222
사교형 / 218
성선설(性善說) / 93
성장 / 86
셀프코칭 / 134
쉬운 코칭 / 38
스트레스포인트 / 229
시스템(system) / 92
신중형 / 218

ㅇ

안정형 / 218
양방향 의사소통 / 194
에너자이저 / 42
에니어그램 / 226
여행자 / 111
역량(Capacity) / 19
연금술사 / 143
예방(prevention) / 49
예방복지 / 46
외향성 / 221
요약하기 / 198
윈윈 시너지 / 122
유레카 / 165
윤리규정 / 151
의미 / 174
인간관 / 84
인간관계기술 / 80
인식 / 222
인정과 축하 / 206
인정하기 / 197
인증코치제도 / 151
일반코칭 / 133
임원코칭(Executive Coaching) / 122, 126
임원코칭(Executive coaching) / 60
임파워먼트(empowerment) / 94

ㅈ

자긍심(pride) / 47
잠재력 / 37
적극적 경청 / 197
전경 / 103
전문코치 / 67, 150
전문코칭 / 133
전제조건(preconditions) / 104
존재코칭 / 116
주도형 / 218
지혜 / 26
직관 / 221

ㅋ

커리어코칭(Career Coaching) / 112, 128
코쳐스 박스(coacher's box) / 58
코치 / 58
코치더코치(Coach the Coach) / 134
코치이 / 134
코치전문교육 / 159
코칭 가이딩 / 106
코칭 슈퍼비전(supervision) / 134
코칭교육 / 61
코칭기술(coaching skill) / 132, 191
코칭기업 / 61
코칭대화모델 / 179
코칭모델 / 132
코칭문화 / 67
코칭스킬 / 126
코칭스타일 / 217
코칭의 꽃 / 82
코칭의 발달 / 63
코칭철학 / 91
코칭팰로우 / 148
코칭프랜드 / 148
코칭프로세스 / 132
코칭학습 / 146
코칭환경 / 161

ㅌ

팀 빌딩(Team Building) / 124
팀 코칭(Team Coaching) / 122

ㅍ

파트너(partner) / 51
판단 / 222
패러다임 / 82
퍼실리테이터(facilitator) / 159
피드백(feedback) / 207, 210

ㅎ

해답 / 95
해피포인트 / 229
핵심 가치 / 29
핵심역량 / 150
행복공식 / 23
활력(vitality) / 27
효과성 / 40

A

ANCHOR 모델 / 184
DISC / 218
MBTI / 221
NLP코칭 / 104
WISE 모델 / 181
4N 모델 / 188

저/ 자/ 소/ 개

이소희

숙명여자대학교 아동복지학부 명예교수
숙명여자대학교 아동복지학 박사학위 취득

한국코칭학회 회장
한국부모교육학회 회장
한국청소년복지학회 회장
한국아동가족복지학회 회장

한국코치협회 인증 KSC
Holy–Holy9 코칭프로그램 개발(한국코치협회 인증)
비전에니어그램 베이직–플러스 개발(한국직업능력개발 민간자격 인증)

이송이

동국대학교 일반대학원 상담코칭학과 교수
숙명여자대학교 아동복지학 박사학위 취득

아시아상담코칭학회 편집위원장
동국메타융합상담코칭센터 부설연구소 소장

멋진 응원, 코칭 유레카(2판)

1판발행 2008년 10월 15일 **1판 1쇄** | 2010년 8월 30일 **1판 2쇄**
2판발행 2024년 3월 10일 **2판 1쇄**

지은이 이소희 이송이
펴낸이 최용구 | **펴낸곳** 도서출판 **신정**
주소 (04316) 서울시 용산구 원효로 89길 19 (원효로1가)
전화 02)3211-4782, 0266(영업부), 3211-4783(편집부), 3211-4784(팩스)
이메일 sjbook2002@naver.com | **홈페이지** www.sjbook.co.kr
등록 2001년 5월 11일 제13-702호
기획마케팅 최용구 장만동 최충구 송대용 | **책임편집** 석기은 황가연

ISBN 978-89-5912-897-6 93370
정가 15,000원